Philo-œuvres

Collection dirigée par Jean-Pierre Zarader

L'Imaginaire

Jean-Paul Sartre

Philippe Cabestan

Agrégé et docteur en philosophie

ellipses

Retrouvez tous les livres de la collection sur www.editions-ellipses.fr

ISBN 9782340-038790

32, rue Bargue 75740 Paris cedex 15

www.editions-ellipses.fr

Sommaire

L'œuvre

Remarque méthodologique

Lorsque Sartre publie en 1940 *L'Imaginaire*[1], il n'est certes pas encore l'auteur de *L'Être et le Néant,* qui paraîtra trois ans plus tard en 1943, mais il a déjà écrit en tant que philosophe deux textes relativement importants en dépit de leur brièveté : *La Transcendance de l'ego* (1936) et *Esquisse d'une théorie des émotions* (1939). Dans chacun de ces ouvrages Sartre se réclame de la phénoménologie, et *L'Imaginaire* pour sa part, comme l'indique son sous-titre, se veut une « Psychologie phénoménologique de l'imagination ».

Comme on le sait, pour la phénoménologie toute conscience est intentionnelle. Qu'elle perçoive ou imagine, qu'elle soit émue ou désirante, la conscience est toujours conscience de quelque chose qui est perçu, imaginé, adoré, haï, désiré, etc. Aussi une psychologie phénoménologique, comme l'affirme déjà Husserl, est une psychologie intentionnelle attentive, par conséquent, à cette structure fondamentale de la conscience. C'est pourquoi *L'Imaginaire* se propose de dégager « la structure intentionnelle de l'image » (p. 13), c'est-à-dire de décrire les caractères essentiels de l'image en tant que structure de la conscience qui, en l'occurrence, est bien conscience *de* quelque chose puisqu'elle est conscience *d'*image ou conscience imageante. Pour mener à bien une telle description, la méthode est apparemment simple : « produire en nous des images, *réfléchir* sur ces images, les décrire, c'est-à-dire tenter de déterminer et de classer leurs caractères distinctifs » (p. 17).

Ne confondons pas toutefois cette réflexion avec l'introspection. Celle-ci cherche à fixer des faits empiriques : tandis que j'imagine tel ou tel monument, le Panthéon par exemple, je remarque que je me le représente en général de face ; celle-là veut saisir l'essence de l'image et, par conséquent, vise à établir ce qu'est nécessairement toute conscience d'image, c'est-à-dire les caractères universels de la conscience d'image. Appliquons à présent la méthode et demandons-nous quels sont ces différents caractères qui constituent l'essence de la conscience imageante.

1. Pour toute citation de *L'Imaginaire* nous indiquons entre parenthèses le numéro de la page de l'édition Gallimard de *L'Imaginaire*, collection de poche Folio/Essais, 1986.

Quelles sont les caractéristiques de l'image ?

I. Première caractéristique

Sartre dénonce une erreur très commune qui est non seulement celle du sens commun mais aussi des psychologues et des philosophes, et qui consiste à se représenter la conscience comme un réceptacle, une sorte de boîte, ainsi qu'à ne pas distinguer l'image et l'objet de l'image. Telle est « l'illusion d'immanence » (p. 17) — du latin *immanere* « résider *dans* » — qui met l'image *dans* la conscience, comme si elle était un petit tableau dans l'espace de la conscience, et, en même temps, l'objet de l'image *dans* l'image. Au contraire, la description rigoureuse de la structure intentionnelle de l'image nous impose de distinguer l'objet auquel se rapporte la conscience qui imagine, et l'image de cet objet. Par exemple, cette chaise que je perçois, je puis également, fermant les yeux, l'imaginer. Il est clair que cette chaise n'est ni dans un cas ni dans l'autre *dans* la conscience. Contre l'illusion d'immanence il faut affirmer le caractère transcendant de la chaise. En outre, nous ne devons pas nous laisser abuser par le langage, et même si le terme d'image ou l'expression d'image mentale invitent à faire de celle-ci une chose dans la conscience, il nous faut comprendre que l'image est un certain type de conscience — de même la perception est un certain type de conscience, elle est la conscience perceptive d'un objet transcendant (la chaise) —, et qu'une conscience qui imagine est une conscience qui vise d'une manière spécifique l'objet (la chaise) qu'elle imagine. À l'instar de la perception qui est perception *de* quelque chose, de l'affectivité où j'ai peur *de* quelque chose, l'image n'est pas une chose mais un rapport : elle est la conscience imageante *de* quelque chose.

II. Deuxième caractéristique

Pour comprendre cette deuxième caractéristique de la conscience imageante, le plus simple est de partir d'une comparaison sommaire de la perception et du savoir, de la conscience en tant qu'elle perçoit et de la conscience en tant qu'elle conçoit.

Rappelant l'analyse de la perception d'un cube — par le philosophe Alain dans ses *Éléments de philosophie* — dont je ne puis jamais voir que trois faces à la fois, Sartre souligne la nécessité de « faire le tour des objets » (p. 23) que l'on perçoit si l'on veut les connaître. En effet, lorsque je perçois un objet, celui-ci ne m'est jamais d'emblée donné mais seulement de manière progressive à travers une série de profils, d'esquisses (*Abschattungen*) qu'il me faut parcourir. À l'opposé, l'idée de cube m'est donnée d'un coup dans un seul acte de conscience. Il ne m'est nullement nécessaire de l'examiner en détail pour m'assurer que c'est bien là l'idée de cube. On remarque alors que l'image du cube semble participer et de la perception et de la conception du cube. Mieux, elle est un « acte synthétique qui unit à des éléments plus proprement représentatifs un savoir concret, non imaginé » (p. 25). En effet, l'image se rapproche de la perception puisqu'en elle l'objet se donne également sous un certain profil : lorsque j'imagine une chaise, je l'imagine nécessairement en la saisissant de face, de biais, par en dessous, etc. Mais tandis que dans la perception chaque nouveau profil envisagé me confirme qu'il s'agit bien là d'une chaise et m'en découvre des éléments nouveaux, l'un de ses pieds est abîmé par exemple, en revanche « je peux garder aussi longtemps que je veux une image sous ma vue : je n'y trouverai jamais que ce que j'y ai mis » (p. 25). Ainsi, observez tant que vous voudrez une image, elle ne vous apprendra rien. Tandis que l'observation de la chaise que je perçois m'en découvre une infinité de détails, je sais d'emblée si la chaise que j'imagine a un pied détérioré. Ceci n'est guère étonnant puisque j'imagine à partir d'un certain savoir les caractéristiques de l'objet imaginé. Je ne puis donc pas, à proprement parler, *observer* l'image que je forme et mon attitude ne peut être qu'une attitude de *quasi-observation*, c'est-à-dire d'observation qui n'apprend rien. Certains se vantent d'avoir une imagination particulièrement riche. Soit. Et pourtant, il faut bien reconnaître « la pauvreté essentielle de l'image » (p. 26) qui jamais ne surprend. De ce point de vue la réalité dépasse nécessairement la fiction et le perçu est toujours plus riche que je ne puis l'imaginer.

III. Troisième et quatrième caractéristique

Comment la conscience imageante pose-t-elle son objet ? Lorsque j'imagine quelque chose, cette chose existe-t-elle ? Apparemment non. À vrai dire, comme le laisse entendre la célèbre définition par Kant de l'imagination comme « pouvoir de représenter dans l'intuition un objet même en son absence », il nous faut distinguer différents cas.

Au cours du paragraphe 111 des *Idées directrices pour une phénoménologie*, Husserl s'interroge sur ce qu'il appelle le caractère positionnel de ce qui est figuré par une image, c'est-à-dire sur son degré de réalité ou encore son mode d'être. Ainsi, à propos de la gravure de Dürer *Le chevalier, la mort et le diable*, on ne peut pas dire que le chevalier, par exemple, est posé comme réel, comme existant réellement, par celui qui regarde la gravure. Prenant cette analyse pour point de départ, *L'Imaginaire* souligne à son tour que je ne pose pas de la même manière ce que j'imagine et ce que je perçois. Ce qui est perçu et ce qui est imaginé ne partagent pas le même caractère positionnel car les consciences perceptives et imageantes ne sont pas constituées des mêmes actes positionnels.

D'une manière générale, la conscience imageante pose son objet comme un irréel et ce que j'imagine est imaginaire. « En ce sens, écrit Sartre, on peut dire que l'image enveloppe un certain néant » (p. 34). Mais il est possible de distinguer différents cas : l'irréel, c'est-à-dire ce que j'imagine, peut être inexistant (j'imagine un centaure ou une chimère) ; il peut être absent (j'imagine bavarder avec Pierre qui, « en vrai », n'est pas là) ; dans certains cas l'irréel existe ailleurs (Pierre est en Chine). Enfin Sartre envisage le cas un peu plus complexe où l'existence de ce qui est imaginé n'est ni affirmée ni niée mais, comme le dit déjà Husserl, mise entre parenthèses ou neutralisée, comme cela arrive dans la rêverie. Mais retenons bien qu'à chaque fois la conscience d'une image est conscience immédiate du néant qui habite l'image, et, comme nous le verrons, ce n'est que dans certaines circonstances bien déterminées que peut apparaître la croyance en la réalité de ce que nous imaginons.

Enfin, quatrième caractéristique, on accordera facilement ce que Sartre dénomme la spontanéité de la conscience imageante qui, par conséquent, existe par elle-même et qui, à la différence de la conscience perceptive, ne dépend pas de la présence réelle de l'objet. Nous rencontrons les objets que nous percevons et ceux-ci, d'une certaine manière, s'imposent à nos sens. Aussi affirme-t-on traditionnellement la passivité de la conscience perceptive en tant que réceptivité. À l'opposé, j'imagine selon ma fantaisie et c'est la conscience imageante qui, comme bon lui semble, « produit et conserve l'objet en image » (p. 35).

Une première conclusion s'impose déjà. Il y a entre la perception et l'image une différence de nature et non — ainsi que le laisse entendre ces pseudo-définitions de l'image par les auteurs classiques comme « une perception moins vive, moins claire » (p. 38) — de degré.

Les images sont-elles toutes de la même famille ?

Nous n'avons considéré jusqu'à présent que ce qu'on appelle les images mentales. Mais les caractéristiques dégagées ne s'appliquent-elles pas à d'autres types d'image. Une photographie, une caricature, une imitation, etc. ne sont-elles pas d'une certaine manière des images ? Où commence et où finit la famille de l'image ? Comme nous allons le voir, Sartre élargit considérablement l'extension du concept d'image, quitte à distinguer au sein de la famille de l'image différents types ou genres d'images.

En effet, lorsque je regarde une photographie de Pierre, la conscience vise Pierre à partir d'un support matériel. Certes, je puis adopter vis-à-vis de ce dernier une attitude perceptive, et la conscience ne saisit alors qu'un rectangle de papier en tant qu'objet perçu extérieur. Ou bien, abandonnant le réel au profit de l'imaginaire, je puis également saisir l'objet en tant que support qui ne se donne pas en propre mais à titre d'*analogon* plus ou moins ressemblant de Pierre. Je dirai : « Tiens, c'est Pierre ». Et Pierre est alors saisi non en tant qu'il existe réellement mais en image. Cependant il m'est également possible d'imaginer Pierre sans le secours d'un support matériel. Dans ce cas il faut reconnaître à la conscience imageante une matière — que nous étudierons plus loin — dont on peut dire déjà qu'elle doit être, n'étant pas matérielle, de nature psychique. De ce point de vue, la matière psychique est à la conscience imageante ce que le rectangle de papier recouvert de couleur est à la conscience de photographie : on retrouve à chaque fois la même structure intentionnelle fondamentale d'une conscience imageante qui se donne en chair et en os un objet qui demeure néanmoins absent, à travers un *analogon* matériel ou psychique.

Sartre peut donc définir l'image comme « un acte qui vise dans sa corporéité un objet absent ou inexistant, à travers un contenu physique ou psychique qui ne se donne pas en propre, mais à titre de "représentant analogique" de l'objet visé », (p. 46). Et la conscience imageante recouvre alors aussi bien le champ de l'image mentale que celui des différents types d'image matérielle. Toutes les images, mentales ou matérielles, forment donc une seule et même famille. Tentons de mieux cerner les différents genres de cette famille.

Il faut tout d'abord en exclure la conscience de signe (p. 47). Soit la pancarte « Bureau du sous-chef ». Lire ces mots ne revient pas à imaginer à partir d'un *analogon* le bureau du sous-chef, et le signe physique ne se confond pas avec l'image matérielle même si nous avons toujours affaire à des traits noirs tracés sur du papier. En effet, le support matériel, dans le cas de la conscience d'image, *ressemble* à l'objet qu'il représente — et dans certains tableaux l'expressivité des éléments représentatifs sollicite fortement l'attitude imageante du spectateur —, dans le cas du signe le rapport est conventionnel et il n'y a pas de ressemblance. En outre, parmi les traits distinctifs des consciences de signe et d'image, retenons également le caractère non positionnel du signe alors que, figurerait-elle un centaure ou une chimère, l'image pose toujours d'une certaine manière son objet irréel (p. 52).

À présent, suivons Sartre au music-hall (p. 56) et examinons ce genre de conscience que nous adoptons lorsque nous assistons à une imitation de Maurice Chevalier (1888-1972), chanteur célèbre en son temps pour son canotier et sa lippe gouailleuse. La conscience d'imitation est-elle une conscience d'image ? Sans doute saisissons-nous le visage, les gestes, le chapeau de paille de son imitatrice (Franconay) comme *analogon* ou matière intuitive. Ainsi, de même que le portrait de Pierre nous donne l'image de Pierre, de même nous imaginons Maurice Chevalier à partir de son imitation. Mais Sartre souligne en l'occurrence la pauvreté du support matériel, l'imitation ne reproduit que quelques éléments, et même son inadéquation : « La fantaisiste est petite, replète, brune ; femme, elle imite un homme » (p. 58). C'est pourquoi la conscience imageante doit ici trouver sa motivation dans une conscience préalable de signe, et le canotier est d'abord un simple signe annonçant en quelque sorte : voici à présent une imitation de Maurice Chevalier. Dès lors, la conscience du spectateur devient imageante et s'efforce de se représenter Maurice Chevalier. À vrai dire pour que la magie du spectacle opère il faut — et rappelons-nous ici ce qui a été dit à propos de la pauvreté de l'image mentale et le rôle qu'y joue le savoir — que je m'appuie sur mon savoir relatif à Maurice Chevalier en sorte que mon intuition soit guidée par ce savoir. Surtout, il faut qu'intervienne l'affectivité, et c'est cette qualité affective, qui est pour moi inséparable de la personne même de Maurice Chevalier, qui « peut passer pour la vraie matière intuitive de la conscience d'imitation » (p. 63). Autrement dit, dans ce genre de conscience imageante qu'est la conscience d'imitation, ce n'est pas tant les éléments proprement intuitifs tels que le canotier ou la démarche qui servent de matière, que le sens affectif saisi à même le visage de l'imitatrice.

Si nous étudions à présent le cas du dessin schématique (p. 64), on peut remarquer qu'il ne s'agit pas d'un signe mais pas tout à fait non plus d'une image. Comme dans le cas de l'imitation, ce qui frappe ici c'est à nouveau l'extrême pauvreté du support matériel qui n'a pas de véritable ressemblance avec l'objet qu'il représente. Comment est-il donc possible, à partir de ces quelques traits, d'imaginer un visage (p. 68) ? Nous avons vu précédemment le rôle de l'affectivité dans la constitution de la matière intuitive, à présent Sartre insiste sur la fonction du corps et, plus précisément, des mouvements oculaires. Il nous faut alors comprendre ce phénomène bien particulier : « un savoir qui se joue dans une pantomime symbolique et une pantomime qui est hypostasiée, projetée dans l'objet » (p. 69). En d'autres termes, mon savoir relatif au visage humain en général : localisation du nez, du front, de la bouche, etc., guide le mouvement des yeux lorsque je parcours les traits noirs de la figure ; ce mouvement oculaire s'apparente à une pantomime dans la mesure où il esquisse symboliquement, il mime, ce savoir. Enfin, les différents mouvements quoiqu'esquissés successivement sont saisis d'un seul coup et ne forment qu'un seul bloc ou hypostase qui, projetée dans l'objet, le recouvre en quelque sorte au point que ce que la conscience imageante saisit comme matière intuitive ce n'est plus le seul dessin schématique mais ce dessin enrichi du savoir que les mouvements oculaires y ont incorporé : simple trait noir cette ligne est désormais un nez. Tout ceci paraîtra peut-être inventé de toutes pièces. Que l'on considère néanmoins le mouvement des yeux dans l'illusion de Muller-Lyer (p. 71) pour saisir l'importance d'un tel phénomène. De ce point de vue il n'est pas étonnant que nous puissions imaginer tant de choses à partir d'une matière qui, lorsque nous imaginons des visages dans la flamme ou des formes humaines dans des rochers (p. 75), se réduit parfois à presque rien.

Sartre envisage ensuite le cas des images hypnagogiques, c'est-à-dire ces visions du demi-sommeil qui surgissent lorsque nous nous endormons, et que l'on peut comparer à un début de rêve qui ne prendrait pas (p. 79). S'agit-il bien tout d'abord d'images ? Certains auteurs les décrivent comme des perceptions. Sartre, au contraire, retrouve en elles les caractéristiques de la conscience imageante : l'objet n'est pas posé comme existant, elles ne font l'objet que d'une quasi-observation, etc. (p. 80). Il s'agit cependant d'une conscience imageante tout à fait spécifique qui peut être rapprochée de la conscience onirique ou de certaines consciences pathologiques, et que

Sartre décrit de manière relativement détaillée en prenant en compte certaines données physiologiques. Elle se caractérise en effet par des altérations notables de la sensibilité et de la motricité : les sensations sont émoussées, les muscles relâchés pour la plupart ; en même temps le corps est comme paralysé par une espèce d'autosuggestion (p. 88) ; la conscience est incapable de fixer son attention, dont la base motrice fait du reste défaut (p. 90-92), et elle est fascinée par les images hypnagogiques qu'elle produit. Paralysie et fascination sont les deux aspects de l'espèce de captivité de la conscience qui, dès lors, ne peut abandonner par elle-même l'attitude qui est la sienne au profit, par exemple, d'une attitude perceptive (p. 94).

L'une des difficultés que pose ce genre de conscience imageante est de comprendre quelle peut être sa matière. Bien qu'il envisage d'autres possibilités, Sartre développe l'idée que cette matière est fournie par les lueurs entoptiques. La conscience captive est alors fascinée par le champ des phosphènes qui fonctionnent comme matière intuitive : on appréhende les lueurs entoptiques comme dents de scie ou comme étoiles (p. 96). Il ne s'agit pas encore d'images qui représenteraient quelque chose mais plutôt de figures géométriques. Cependant, ces dernières constituent comme une étape. Soudain ces lignes m'évoquent un visage, et nous avons maintenant affaire à une image hypnagogique proprement dite. À partir de cette description nous pouvons entrevoir — à moins de déclarer péremptoirement qu'il n'y a là que charlatanerie — la structure de ces consciences imageantes qui, fascinées, fixent du regard une boule de verre ou du marc de café. Pour Sartre, la voyante use de la boule de cristal comme d'une matière qui est assez voisine des taches entoptiques ; et s'il est vrai qu'une voyante voit, ce voir n'est pas de l'ordre de la perception mais de la vision d'une image.

De cet examen du portrait, de l'imitation, du dessin schématique, des images hypnagogiques, il ressort qu'à chaque fois la conscience anime « une certaine matière pour en faire la représentation d'un objet absent ou inexistant » (p. 104). Cependant, nous avons vu que cette matière est très différente suivant les cas, et on peut hiérarchiser ces types de conscience imageante selon l'indigence plus ou moins grande de son support matériel et la place inversement proportionnelle qu'y occupe le savoir. En effet, le savoir joue un rôle d'autant plus important et, corrélativement, l'objet gagne d'autant plus en généralité que la matière de la conscience imageante s'appauvrit. Mais qu'en est-il alors de l'image mentale qui semble ne pouvoir prendre appui sur une quelconque matière extérieure aussi pauvre soit-elle ? Certes, il n'y a pas en l'occurrence de résidu sensible tel que la toile peinte du portrait de Pierre. Cependant, parce que même dans le cas de l'image mentale la conscience ne saurait être assimilable à la pure conscience de signification, il doit nécessairement y avoir une matière qui ne peut donc être qu'une matière psychique.

À ce point de son analyse, Sartre rencontre une difficulté qui entraîne un changement de méthode. Jusqu'ici nous nous sommes contentés de ce que nous apprenait la simple réflexion. Mais la matière psychique à la différence de la matière externe échappe à la réflexion : lorsque je cesse d'imaginer, la matière psychique s'évanouit et je ne peux la décrire. « Il nous faut donc quitter le terrain sûr de la description phénoménologique et revenir à la psychologie expérimentale » (p. 112). En d'autres termes, ici prend fin la partie proprement psycho-phénoménologique fondée sur la réflexion, et commence une psychologie qui approfondit ce que nous avons déjà appris tout en recourant à ce que peut lui enseigner la psychologie expérimentale. Nous quittons donc le domaine certain de la réflexion pour aborder la deuxième partie de *L'Imaginaire* intitulée : « Le probable » (p. 113).

Quelle est la matière de l'image mentale ?

L'image est une synthèse, la conscience imageante une organisation synthétique et non la simple juxtaposition d'éléments censés la composer. Dans cette synthèse nous rencontrons tout d'abord un savoir. Tentons de préciser quels sont la nature et le rôle de ce savoir. Nous verrons ensuite quelle est la matière de l'image mentale.

I. De la dégradation du savoir pur en savoir imageant

Longtemps la psychologie se demanda si une pensée sans image était possible. Sartre répond nettement en affirmant que le savoir « peut exister à l'état libre » (p. 116) en tant que pure conscience vide de signification indépendamment de toute conscience imageante. En revanche, nous l'avons vu, toute image suppose un savoir. Mais ce savoir qui entre dans la synthèse imageante n'est pas le pur savoir qui constitue à lui seul une conscience. Sartre veut ici distinguer nettement entre, d'une part, le savoir à l'état pur comme conscience vide : ainsi le cercle peut être pensé sous le concept de figure géométrique sans qu'aucune représentation intuitive accompagne cette conscience ; et, d'autre part, le savoir imageant qui, considéré en lui-même, est comme une « aurore d'image ». Dans cette perspective, il y a continuité entre le savoir imageant et la conscience d'image, celle-ci accomplit celle-là, tandis que le passage du pur savoir au savoir imageant, qui est en quelque sorte chute de l'intelligible dans le sensible, est synonyme pour Sartre d'une modification fondamentale de la conscience ou *dégradation*.

Nous pouvons comprendre alors les critiques aussi bien de Husserl que de Bergson. En affirmant que l'image vient simplement remplir (*erfüllen*) intuitivement la conscience inaltérée de signification, Husserl manque précisément la dégradation globale de la conscience au cours de laquelle le savoir passe de l'état libre à celui de structure intentionnelle d'une conscience imageante (p. 118). De même, si la notion bergsonnienne de schème dynamique marque un progrès par rapport à l'associationnisme hérité de Hume, qui domine la psychologie du XIXe siècle, Sartre regrette cependant que Bergson oppose le schème à l'image : « le schème c'est le mouvant, le vivant ; l'image c'est le statique, le mort » (p. 123). Ce faisant,

Bergson manque la continuité fondamentale du schème ou savoir imageant et de l'image. Même si Sartre n'en dit mot, on ne peut pas ne pas mettre en relation cette analyse du schème avec le célèbre paragraphe de la *Critique de la raison pure* consacré au schématisme transcendantal. Et on devine sans peine que Sartre objecterait également à Kant de n'avoir pas envisagé cette *dégradation* de la conscience sans laquelle le savoir demeure étranger à toute intuition. Il faut enfin comprendre dans cette même perspective la description de la conscience de lecture. On distingue alors entre la lecture d'une affiche : bureau du sous-chef, et la lecture d'un roman. Il ne s'agit plus dans ce dernier cas d'un savoir signifiant mais d'une attitude générale de la conscience « qui ressemble grossièrement à celle d'un spectateur, qui, au théâtre, voit le rideau se lever » (p. 128). Que ma lecture s'interrompe et voilà que des images naissent du savoir imageant vide qui accompagnait ma lecture. Cependant, encore faut-il que cette conscience, qui sans cela reste au bord de l'image, trouve une matière qui lui permette de se réaliser. Examinons de quelle manière l'affectivité, certains mouvements de même que le langage permettent, selon Sartre, de répondre à cette question.

II. La matière de la conscience imageante : affectivité, mouvement et langage

Déjà, à propos de la conscience d'imitation, Sartre a eu recours à l'affectivité pour compenser la pauvreté de la matière, et nous avons alors vu que l'affectivité n'est pas un état mais une conscience qui, conformément à sa structure intentionnelle, constitue d'une manière spécifique le sens de l'objet : « le sentiment de haine n'est pas conscience *de* haine. Il est conscience de Paul comme haïssable » (p. 138). Ainsi, dans la conscience d'imitation la matière affective de la conscience imageante est tout aussi extérieure que l'imitatrice que nous saisissons sur scène avec sa tonalité affective. Or, il nous faut à présent comprendre comment l'affectivité peut remplir le rôle de matière d'une image mentale.

Dans ce but, il faut remarquer, conformément à la structure générale de l'intentionnalité, que tout sentiment en tant que conscience enveloppe un contenu primaire que vient animer une intention visant un objet. On peut en effet distinguer dans un sentiment — comme nous y autorise la possibilité d'éprouver un sentiment en l'absence de l'objet auquel il se rapporte (p. 139) — une matière et une intentionnalité objective. Ainsi la honte ou la joie est une matière, « un équivalent affectif » de l'objet visé, que vient animer une intention de sorte que la honte ou la joie est honte ou joie au sujet de quelque chose. Dès lors on peut comprendre comment la conscience imageante peut viser son objet grâce à son équivalent ou *analogon* affectif. Ainsi l'amant imagine l'aimé à partir du sentiment qu'il éprouve pour lui, et il en va exactement de même dans l'exemple des belles mains blanches qu'analyse Sartre. La conscience est à chaque fois une conscience « cognitive-affective » (p. 143) qui devient imageante. Ceci signifie simplement que la conscience est d'abord une synthèse d'un certain savoir relatif aux mains et d'un sentiment (pour ces mains) en tant que matière ; et que cette conscience devient imageante en se représentant intuitivement son objet à partir de ce savoir et de cette matière affective qui deviennent alors savoir imageant et matière de l'image.

Même si la synthèse cognitive-affective est dite « la structure profonde de la conscience d'image » (p. 144), cette dernière n'en peut pas moins faire appel à d'autres éléments tels que les mouvements et les mots. S'appuyant entre autres sur les recherches du psychologue Piéron (1881-1964), Sartre souligne l'importance des mouvements des yeux ou de la tête, c'est-à-dire des kinesthèses, en tant que base d'une conscience imageante. En effet, Sartre s'efforce de montrer comment des impressions kinesthésiques peuvent jouer le rôle d'*analogon* pour une conscience imageante, c'est-à-dire comment la conscience visualise des impressions kinesthésiques et comment la forme visuelle peut fonctionner comme représentante d'objet plus complexe. Plutôt que d'exposer le détail d'une analyse relativement complexe, nous préférons ici reprendre un exemple qui nous semble tout à fait éclairant :

> C'est ainsi que, il y a quelques années, comme nous tentions de nous représenter une escarpolette animée d'un mouvement assez vif, nous eûmes l'impression nette que nous déplacions légèrement nos globes oculaires. Nous avons tenté alors de nous représenter à nouveau l'escarpolette en mouvement, en gardant nos yeux immobiles. Nous nous forçâmes donc à diriger notre regard sur le numéro d'une page de livre. Alors il se produisit ceci : ou bien nos yeux reprenaient malgré nous leur mouvement, ou bien nous ne pouvions aucunement nous représenter le mouvement de l'escarpolette (p. 160).

Ainsi Sartre constate qu'il ne peut imaginer le balancement de l'escarpolette qu'en esquissant ce mouvement des yeux. À partir d'un savoir imageant, l'impression kinesthésique permet ainsi de se représenter l'escarpolette, et la succession des impressions son balancement. Ajoutons que loin d'exclure l'*analogon* affectif, l'impression kinesthésique au contraire le complète. D'un côté, l'*analogon* affectif rend présent l'objet en lui conférant une sorte d'opacité ineffable, de l'autre, l'impression kinesthésique en tant que substitut permet de donner à l'objet imaginé une vague figure et, s'il y a lieu, son mouvement.

Enfin, il faut reconnaître qu'il y a beaucoup d'images sans mots. Bien souvent d'ailleurs, lorsque des mots accompagnent une conscience d'image — j'imagine la lune et le mot lune vient « se coller à l'image » (p. 168) — les mots gardent leur fonction de signe et relèvent d'une conscience de signification. Cependant il se peut que des mots s'intègrent à la structure de la conscience imageante. Dans ce cas, le mot est un système de mouvements de la glotte dont on peut comprendre la fonction de représentant à partir des mouvements des yeux ou de la tête auxquels d'ailleurs il peut se substituer. Il en va ici comme dans la lecture des romans où la conscience peut user du signe comme d'un dessin et où « la physionomie du mot devient représentative de celle de l'objet » (p. 133).

Nous avons vu au cours de cette deuxième partie quel peut être l'*analogon* de l'image mentale. Sartre ne peut donc être pleinement d'accord avec Alain lorsque ce dernier affirme que l'image n'existe pas. S'il est vrai que, comme Alain nous invite à en faire l'expérience, je suis bien incapable de dénombrer les colonnes du Panthéon à partir de ma seule image mentale, car l'image ne nous apprend rien, reste que l'image n'est pas un pur néant et que l'objet d'une conscience imageante se donne absent à travers une présence. À proprement parler je ne *vois* pas le Panthéon et je suis bien en peine de le décrire. Je l'imagine. Cette image n'est, comme nous l'avons vu, ni une perception ni un savoir vide, et la conscience ou fonction imageante présente une spécificité irréductible.

Pourquoi la conscience imagine-t-elle ?

Au cours de la troisième partie de *L'Imaginaire* Sartre s'efforce de dégager le sens et la finalité de cette attitude *sui generis* de la conscience que constitue l'image. Pourquoi la conscience imagine-t-elle ? Que recherche-t-elle à travers l'image et qu'elle ne trouve pas dans les autres fonctions telles que l'affectivité, la perception ou le savoir. Dans cette perspective Sartre examine de quelle manière la conscience imageante se rapporte à la pensée conceptuelle (le savoir). Aussi allons-nous, dans un premier temps, examiner la dépendance fondamentale de l'image à l'égard de la pensée. Nous pourrons alors dégager deux types d'images : les unes en tant que schèmes symboliques se rapportent à la pensée conceptuelle, les autres sont ce que *L'Imaginaire* dénomme image d'illustration. Dans un deuxième temps nous verrons que pour Sartre la conscience imageante échoue dans le projet qui l'habite.

I. Quel est le rôle de l'image dans la vie psychique ?

À cette question Sartre répond : « la fonction de l'image est symbolique » (p. 189). En effet, je puis penser sans rien imaginer, et ce, à l'aide de purs concepts ; mais je puis également penser sur le plan de l'image à partir d'une conversion du savoir en savoir imageant. Dans ce cas je raisonne, je sens, je juge, j'affirme, je nie, etc. en image. Par exemple, juger que « l'escalier est recouvert d'un tapis » signifie que, sans quitter l'attitude imageante, je recouvre d'un tapis imaginaire l'escalier que je vise en tant que conscience imageante (p. 188). Ne considérons pas ici l'image et l'imagination sur le mode analytique d'une psychologie des facultés, c'est-à-dire en faisant abstraction de la pensée ; car l'image n'est rien d'hétérogène à la pensée. L'image ne vient donc pas de l'extérieur illustrer la pensée ou lui servir de support. Mais imaginer est la forme imageante que prend la pensée elle-même lorsqu'elle se dégrade et qu'elle abandonne sa forme conceptuelle. L'image est donc par essence symbolique. Ceci apparaît nettement si nous envisageons la nature et le rôle des schèmes symboliques.

Reprenons tout d'abord un des exemples donnés dans *L'Imaginaire*. Soit le terme usuel ***échange***. Pour comprendre ce terme le sujet imagine un ruban. Plus précisément, le ruban « représente le processus circulaire de l'échange », et « le mouvement de la courbe est en spirale parce que dans l'échange, l'un acquiert ce que l'autre perd » (p. 191). Parce que le terme ***échange*** peut également être compris indépendamment de toute image, il faut admettre deux manière de comprendre, une manière pure, et le sens du terme ***échange*** est saisi comme contenu d'un concept, et une manière imagée grâce à un schème symbolique. Dans ce dernier cas, le schème n'est rien d'autre que ce que nous connaissons déjà, et il est l'acte d'une conscience qui unit synthétiquement un savoir et un *analogon*. Comprendre le terme ***échange*** signifie alors construire le schème *ruban* à partir d'une matière kinesthésique et affective. Toutefois, Sartre prévient son lecteur : la compréhension ne succède pas à la construction du schème ; le schème ne vient pas aider à la compréhension mais la compréhension se réalise dans et par la construction du schème en sorte que la compréhension imagée et la construction sont un seul et même acte de la conscience ; « une fois le schème construit il n'y a plus rien à comprendre » (p. 199). Au fond, nous retrouvons dans cette analyse l'idée que l'image n'apprend rien et, par conséquent, que la compréhension ne saurait s'opérer une fois l'image construite comme si nous allions pouvoir découvrir quoi que ce soit que nous ignorions à même l'image ou schème.

Nous avons dit que la conscience imageante est par essence symbolique et, en étudiant le schème symbolique, nous avons vu de quelle manière il nous faut l'entendre. Mais toutes les images sont-elles de même nature que le schème et n'y a-t-il pas des images dépourvues de son caractère symbolique ? Dans le cas des images qui ne se donnent pas comme des schèmes, quelles peuvent être leurs fonctions ? Si l'on considère ces différents types d'images que sont le diagramme — comme lorsque je me représente à l'aide d'une figure la succession des jours de la semaine —, la synesthésie ou la synopsie, il semble relativement facile de retrouver en eux le type du schème symbolique dont ils ne diffèrent pas fondamentalement (p. 210). En revanche le cas de ce qu'on appelle image d'illustration semble bien résister à sa réduction au type du schème symbolique. Ainsi, interrogé sur la période historique de la Renaissance, le mot Renaissance peut susciter en moi un schème symbolique, une image indéterminée de mouvement, « quelque chose comme un jet d'eau qui s'épanouit et qui retombe ». Cependant, un autre peut avoir l'image du David sculpté par Michel-Ange pour la cathédrale de Florence. Apparemment, dans la mesure où ce David n'est pas la Renaissance en tant que telle mais une œuvre parmi tant d'autres de la Renaissance, on ne peut plus dans ce cas parler de schème symbolique mais il s'agit d'un autre type d'image, c'est-à-dire d'une image d'illustration.

Toutefois l'image d'illustration constitue pour Sartre « le premier tâtonnement d'une pensée inférieure » (p. 214) qui ignore la nature du concept et demeure à un stade prélogique et empirique. C'est ainsi qu'à la question de Socrate : « qu'est-ce que la Beauté ? », Hippias répond non pas, ce qui serait logique, par une définition du beau mais par des exemple ou images d'illustration : « C'est une belle femme, c'est un beau cheval, etc. » (p. 214). Manifestant un empirisme naïf, ce genre de réponse représente toutefois comme une étape vers la compréhension. Ainsi, « ce qui a changé en somme ce n'est pas le rôle de l'image [...] c'est la nature de la pensée » (p. 216). L'image conserve donc jusque dans l'image d'illustration le rôle compréhensif qui est le sien dans le schème et, par conséquent, sa fonction symbolique. De ce point de vue il n'y a qu'un seul type d'image.

II. À quoi bon imaginer ?

D'une manière générale, la conception sartrienne s'inscrit dans une perspective platonicienne de l'image comme chute ou dégradation de l'intelligible. L'image nous offre la possibilité d'un mode de pensée et de compréhension spécifique mais inférieur.

En effet, jamais l'image n'aura la rigueur et la précision de l'idée telle qu'elle apparaît à la réflexion. Pire, l'image peut égarer la pensée. Par exemple, me représentant l'oppression du peuple selon le schème de la compression d'un ressort, j'imagine que la force avec laquelle les opprimés se révolteront sera proportionnelle à celle avec laquelle ils ont été opprimés. Cela me semble même évident, et pourtant la thèse est arbitraire. On voit en l'espèce comment l'esprit s'égare : puisque le ressort c'est l'opprimé, je transfère à l'opprimé l'énergie potentielle du ressort sans prendre garde que, ce faisant, l'idée d'oppression est ici faussée par l'image de la compression du ressort. Sartre en conclut que « l'image porte en elle un pouvoir persuasif de mauvaise aloi » (p. 231). Ainsi, de deux choses l'une : soit l'image a conscience de son insuffisance, et la conscience par une sorte de révolution se libère de « l'idée comme image » pour se hisser « à l'idée comme idée » (p. 224) ; soit la conscience imageante demeure une pensée « captive », passe d'image en image et substitue aux déterminations de l'idée les déterminations de sa représentation spatialisée.

Mais si l'image est bien, comme le dit Pascal « maîtresse d'erreur et de fausseté », et si l'imagination ne saurait, ainsi que le veulent certains psychologues, compléter la perception dont elle comblerait les lacunes (p. 231), pourquoi alors imagine-t-on ? Pourquoi la conscience adopte-t-elle une semblable attitude ? Simplement, nous dit Sartre, parce que la pensée veut *voir* son objet afin de le *posséder*. La conscience imageante à l'instar de la conscience émotionnelle est donc une conscience magique, « c'est une incantation destinée à faire apparaître l'objet auquel on pense, la chose qu'on désire, de façon qu'on puisse en prendre possession » (p. 239). Cette tentative, on ne le sait que trop bien, est vouée à l'échec puisque l'objet paraît mais affecté de son caractère d'irréalité (p. 235). En visant l'objet à partir de son représentant analogique la conscience ne se donne jamais l'objet en personne et celui-ci, pourrait-on dire, ne cesse de lui filer entre les doigts.

Toutefois l'objet en image n'en a pas moins une certaine présence qui peut dans certains cas, comme le rêve ou l'hallucination, presque donner l'illusion de la présence en chair et en os. La quatrième partie de notre texte est précisément consacrée à cette vie imaginaire.

Vivre dans l'imaginaire

I. Objets et sentiments imaginaires

Avant d'examiner quelles sont nos conduites à l'égard de l'imaginaire, précisons ce que signifie précisément la dite irréalité de l'objet en image.

Nous l'avons vu au cours de la première partie, l'objet en image même s'il possède une certaine présence n'existe pas, c'est un irréel que je ne puis pas toucher. Pourtant, dira-t-on, cet objet en image est dans l'espace et le temps. Lorsque j'imagine Pierre, celui-ci possède une localisation spatiale, il est par exemple à droite d'une cheminée, et temporelle, il parle puis sourit ou bien me fait signe, ce qui à chaque fois prend du temps. À vrai dire tout ceci ne saurait entamer l'irréalité de l'objet en image pour la simple raison que l'espace et le temps sont, à l'instar de l'objet, totalement irréels. Il suffit pour s'en convaincre de remarquer que cet espace et ce temps de l'objet irréel n'ont pas les mêmes propriétés que l'espace et le temps réel de la conscience ; ils sont « comme sans parties » et étrangers à la juxtaposition ou à la succession vraies (p. 252). Aussi n'y a-t-il aucune communication possible entre l'espace et le temps irréels et l'espace et le temps réels.

Qu'est-ce que l'imaginaire ?

> C'est une ombre de temps, qui convient bien à cette ombre d'objet, avec son ombre d'espace. Rien ne sépare plus sûrement de moi l'objet irréel : le monde imaginaire est entièrement isolé, je ne puis y entrer qu'en m'irréalisant (p. 253).

En d'autres termes, je ne puis pénétrer dans le château de la Belle au bois dormant qu'en devenant prince charmant. À vrai dire, l'expression de monde imaginaire est, selon Sartre, inexacte. Les objets imaginaires sont bien trop pauvres et ambigus pour pouvoir constituer un monde. En outre, chacun d'eux possède son espace et son temps propres alors que tous les objets réels prennent place à l'intérieur d'un même espace et d'un même temps. Aussi l'objet imaginaire n'agit-il sur rien de même que rien n'agit sur lui. L'imaginaire nous offre donc la possibilité d'échapper non seulement à nos préoccupation mais, d'une certaine manière, à la nécessité pour l'homme d'être-dans-le-monde au sens où l'imaginaire s'apparente à « un anti-monde » (p. 261).

Nous pouvons à présent étudier les « réactions » ou conduites à l'égard de l'objet imaginaire et tenter de prévenir à ce propos une erreur constante. Est-il possible que l'image mentale d'un bon repas me fasse saliver, d'un objet dégoûtant vomir, d'un corps dénudé ériger ? Faut-il considérer l'image comme la cause de ces phénomènes ?

Une telle opinion manque à nouveau l'essence de la conscience imageante. Elle envisage l'image comme une chose *dans* la conscience qui serait la cause d'un phénomène physiologiques : salive, vomissement, érection. Elle repose manifestement sur l'illusion d'immanence et, plus généralement, sur une réification ou chosification de la conscience. Nous avons vu au contraire que la conscience imageante est une spontanéité sur laquelle l'objet irréel ne saurait donc agir. Il faut renoncer à toute conception qui réintroduirait, sous couvert d'une action de l'irréel, une forme quelconque de passivité dans la conscience. Soit. Mais si nausées et vomissements ne peuvent pas être les effets du caractère répugnant de l'objet irréel, comment décrire ce que l'on comprend habituellement comme des effets de l'image ? La réponse à cette question va nous conduire à distinguer entre la couche primaire et la couche secondaire d'une attitude imageante, entre les sentiments imaginaires et les sentiments réels ainsi qu'entre deux grandes catégories d'individus.

Il faut en effet ne pas confondre, quoiqu'ils soient donnés dans l'unité d'une même conscience, d'une part, l'acte constitutif de l'image et, d'autre part, les conduites vis-à-vis de cette image : « nous pouvons réagir au second degré, aimer, haïr, admirer, etc., l'objet irréel que nous venons de constituer » (p. 263). Pour Sartre, vomissements ou érection en tant que phénomènes physiologiques du dégoût ou du désir sexuel appartiennent à la couche primaire ou couche constituante. Sartre envisage alors deux possibilités : soit la conscience imageante s'en tient à quelques gestes schématiques de dégoût qui servent de matière ou d'*analogon* ; soit le sentiment de dégoût ne s'épuise pas à constituer l'objet et, dans ce cas, se développe avec force. « Les nausées et les vomissements, par exemple, ne seront pas un effet du caractère "répugnant" de l'objet irréel, mais les conséquences du libre développement du sentiment imageant qui dépasse en quelque sorte sa fonction » (p. 265). Il en va de même pour l'érection qui n'a pas vraiment de fonction constitutive. Que de tels « débordements » se produisent dépend alors « du terrain affectif », et, nous dit Sartre, « il faut être déjà troublé [...] pour que l'évocation de scènes voluptueuses provoque une érection » (p. 265). On assiste alors à une sorte de « dialectique affective » (p. 269), un jeu d'aller retour spécifique entre l'objet irréel et le dégoût qui, réagissant à lui-même, peut aller jusqu'au vomissement. Apparaît ici la figure tout à fait étonnante d'une spontanéité captive d'elle-même — que nous retrouverons à propos de l'obsession ou du rêve — qui ne peut plus désormais échapper à la nausée qui la domine. Une seule issue : vomir.

Tout ceci ressortit à la première couche. En revanche, les jugements, les sentiments, les volitions, brefs toutes les conduites en face de l'irréel constituent comme la deuxième couche de l'attitude imageante (p. 270). Pour comprendre ce qui la caractérise, reprenons l'exemple de Sartre : « hier, un geste gracieux d'Annie a provoqué en moi un élan de tendresse » (p. 272). On peut envisager trois possibilités :

1. Ma tendresse, en renaissant aujourd'hui, peut faire renaître *irréellement* le geste d'Annie, et l'affectivité remplit alors la fonction constitutive que nous venons d'évoquer.
2. Il m'est possible aussi de faire renaître en tant que telle la tendresse que j'ai éprouvée hier. L'acte relève ici de la mémoire affective, et je puis viser par une intentionnalité particulière, à travers quelques gestes schématiques servant de matière, cette tendresse réelle passée pour Annie. Dans ce cas — que nous ne pouvons pas approfondir ici et qu'il faudrait confronter avec l'expérience de la madeleine de Proust — la conscience imageante a pour corrélat le sentiment d'hier *irréellement* présent.
3. Enfin, il est possible que j'éprouve de la tendresse à la suite de la représentation imagée de ce geste et, plus exactement, que je reproduise le geste *pour* faire renaître une tendresse *réelle*, présente et analogue à celle d'hier.

Qu'on ne s'y trompe pas. Cette troisième possibilité ne suppose nullement une action causale de l'objet irréel, et la tendresse réelle, active, éprouvée aujourd'hui est d'une nature radicalement différente de la tendresse d'hier que provoqua le geste d'Annie. Il s'agissait alors de ce que Sartre dénomme un « sentiment-passion » — le terme passion étant entendu au sens où le sentiment est subordonné à l'existence et à la présence réelles d'Annie et non au sens où le sentiment serait d'une particulière intensité — tandis que j'éprouve maintenant un « sentiment-action » (p. 275). En effet, même si j'affirme que l'image agit sur moi, à vrai dire le sentiment est ici « joué » plutôt que ressenti et n'a ni la passivité, ni la force, ni l'imprévisibilité qui fait toute la profondeur du sentiment passé provoqué par le geste réel d'Annie. Sartre compare cette tendresse active à la douleur d'un malade mental qui s'imagine souffrir du cancer : « toute son énergie — au contraire de celle du cancéreux réel, qui visera à diminuer les effets de la souffrance — est employée à souffrir davantage. Il crie pour faire venir la douleur, il gesticule pour qu'elle vienne habiter son corps » (p. 276). Sans se confondre pour autant avec une pure comédie, la douleur ressentie relève bien de l'affectivité active.

Nous commençons à entrevoir l'abîme qui sépare le sentiment-passion en face du réel et le sentiment-action face à l'imaginaire. En devenant actif le sentiment subit une profonde transformation, une *dégradation* : réel, passif, l'amour a la richesse et la profondeur de son objet tandis que joué, actif, le sentiment amoureux devient comme stéréotypé, schématique, connu d'avance dans ses moindre nuances. Nous comprenons alors pourquoi les amants séparés attendent avec tant d'impatience le courrier. Ce n'est pas tant pour les nouvelles que les lettres leur apportent, et qui présentent habituellement peu d'intérêt, que pour leur caractère réel et concret. En d'autres termes, afin de lutter contre la *dégradation* qui affecte le sentiment en devenant imaginaire l'amant saisit la lettre, son parfum, son écriture, son papier en tant que nouvel *analogon* d'une conscience imageante. Certes, le sentiment demeure actif et d'une nature telle qu'il ne peut rivaliser avec l'amour passif éprouvé avant la séparation ; mais il gagne tout du moins une apparence de réalité et permet de renouveler l'image appauvrie de la personne aimée.

Il va de soi qu'imaginaires ou réels, les sentiments n'en sont pas moins éprouvés et, en ce sens, tout à fait réels. C'est donc seulement en tant qu'ils se rapportent à des objets irréels, que les sentiments changent de nature et sont dits imaginaires. Nous pouvons d'ailleurs aisément constater cette différence sur nous-mêmes. Nous savons bien que nous ne nous comportons pas de la même manière selon que notre ennemi est imaginaire ou réel :

> Tel s'acharnera en pensée sur son ennemi, le fera souffrir moralement et physiquement qui restera sans défense lorsqu'il sera réellement en sa présence. Que s'est-il passé ? Rien si ce n'est que l'ennemi, à présent, existe réellement en sa présence (p. 280).

Combien de fois avons-nous été imaginairement brillant et réellement piteux ? Nous comprenons également « ces conduites raides et cassantes des gens qui "disent ce qu'ils ont à dire" sans regarder leur interlocuteur » (p. 281) ou encore ces tragi-comiques déclarations d'amour. À chaque fois, la personne se tient sur le terrain de l'imaginaire. Aussi évite-t-elle de regarder l'autre et adopte une attitude, prononce des paroles, accomplit des gestes qui, préparés d'ailleurs dans l'imaginaire, s'adaptent mal à la situation présente.

Plus généralement Sartre propose de distinguer en chacun deux personnalités tranchées. L'une est constituée d'un moi imaginaire avec ses tendances, ses désirs, l'autre d'un moi réel au caractère tout différent. Il y a ainsi des sadiques imaginaires qui, dans la réalité, ne feraient pas de mal à une mouche, et inversement des hommes violents qui, en rêve, sont doux comme des agneaux. On peut également ranger les individus en deux grandes catégories suivant qu'ils préféreront mener une vie imaginaire ou une vie réelle. Se dessinent ici les figures du rêveur morbide et du schizophrène qui, pour différentes raisons, ont choisi l'imaginaire. Il apparaît maintenant, d'une part, qu'un tel choix ne concerne pas seulement les objets mais également les sentiments et les conduites à leur égard. D'autre part, que le rêveur morbide préfère, par exemple, un amour imaginaire pour une personne imaginaire à un amour réel pour une personne réelle. Alors que pour les autres, pour les amants séparés par exemple, l'imaginaire est un pis-aller auquel ils recourent faute de mieux, le rêveur morbide au contraire refuse le réel en tant que tel et non pas, comme on le croit souvent, en raison de sa médiocrité. D'ailleurs,

> Le rêveur morbide qui s'imagine être roi ne s'accommoderait pas d'une royauté effective ; même pas d'une tyrannie où tous ses désirs seraient exaucés. C'est que, en effet, jamais un désir n'est à la lettre exaucé du fait précisément de l'abîme qui sépare le réel de l'imaginaire (p. 283).

II. L'hallucination

Sartre achève cette étude de la vie imaginaire en envisageant les cas de l'hallucination — qu'il a connue de près puisqu'il s'est fait administrer une piqûre à la mescaline qui provoqua en lui de brefs phénomènes hallucinatoires — et de la conscience onirique. À vrai dire *L'Imaginaire* ne prétend pas nous offrir ici une description exhaustive de ces types de conscience imageante, et Sartre les considère tout d'abord parce qu'ils constituent une objection grave à sa conception de la fonction imageante. En effet, n'est-il pas vrai que dans l'hallucination comme dans le rêve, la conscience prenne une image pour une perception ? L'halluciné ne déclare-t-il pas avoir *vu* le diable sur cette chaise et la psychologie ne définit-elle pas habituellement l'hallucination comme une perception vraie ? De même ne dit-on pas que le rêveur prend ses rêves pour des réalités ? Or comment concilier de telles affirmations avec les caractéristiques que l'eidétique de l'image nous a permis d'établir ? S'il est vrai que l'image est une conscience, qui a donc conscience d'elle-même en tant que conscience imageante créatrice, comment peut-elle en arriver à croire percevoir comme réel l'irréel qu'elle imagine ? Comment peut-elle se sentir passive devant des images qui semblent « s'imposer » et qu'en fait elle forme elle-même ? De deux choses l'une : ou le rêveur comme l'halluciné a conscience d'imaginer ou alors il n'est pas vrai que « la spontanéité de la conscience [...] ne fait qu'un avec la conscience de cette spontanéité » (p. 292).

Sartre nous invite tout d'abord à ne pas prendre pour argent comptant les dires des malades. Il est faux, par exemple, que le diable ait été vu sur cette chaise réelle qui appartient à l'espace de la perception. Loin de prendre place dans le monde réel, il semble que l'hallucination coïncide avec une sorte d'anéantissement de la réalité perçue, et ce n'est que lorsqu'il raconte au médecin ses hallucinations, donc après coup, que le malade leur donne une place dans l'espace réel de la perception alors qu'elles possèdent comme toute image leur propre espace irréel. Reste à comprendre le fait que l'hallucination s'impose à l'esprit. Mais à nouveau il faut bien comprendre, selon Sartre, ce que signifie ici que l'hallucination s'impose. Dans ce but, *L'Imaginaire* compare l'hallucination à l'obsession qui, de même, s'impose à la conscience (p. 296). Par exemple, un malade est obsédé par l'idée qu'il va commettre un crime effroyable et ne parvient pas à s'en délivrer. À vrai dire, rien d'extérieur à la conscience n'impose au malade son obsession, et Sartre refuse catégoriquement toute explication qui invoquerait un quelconque autre principe que la conscience, tel que l'inconscient psychique de la psychanalyse freudienne. Il nous faut donc trouver dans la conscience le principe de cette domination. Or, remarque Sartre, l'obsession s'impose dans la mesure où la conscience est prise par une sorte de vertige que provoque chez le malade l'interdiction même :

> [...] c'est la crainte de l'obsession qui la fait renaître ; tout effort pour « n'y plus penser » se transforme spontanément en pensée obsédante ; si, parfois un seul instant, on a oublié, on se prend soudain à s'interroger « mais comme je suis calme ! Pourquoi suis-je si calme ? C'est que j'ai oublié... etc. » (p. 297).

Revenons à présent à l'hallucination. Nous retrouvons alors « cette stéréotypie qui a pour cause un vertige obsessif » (p. 298). En d'autres termes, le malade réalise son hallucination tout comme l'obsédé, donc par cette même espèce de vertige obsessif que nous venons de décrire. D'ailleurs Sartre note que le malade sait bien souvent à l'avance à quel moment de la journée se produira l'hallucination. Aussi l'attend-il et l'hallucination vient parce qu'il l'attend, c'est-à-dire qu'elle survient au moment où il l'attend parce qu'il la fait venir en ne voulant pas qu'elle vienne — de manière analogue je reste éveillé parce que je m'acharne à m'endormir.

Mais l'hallucination se distingue cependant sur un point important de l'obsession dans la mesure où l'hallucination n'apparaît que dans un contexte psychologique spécifique que l'on ne retrouve pas chez le psychasthénique. Au commencement, en effet, le malade souffre seulement d'interruption du cours normal de sa pensée, et ces troubles peuvent être à l'origine du syndrome d'influence : le malade se croit soumis à l'influence d'une ou de plusieurs personnes qui lui feraient avoir telles ou telles pensées qui se manifestent isolément et comme à contre-courant. C'est à partir d'une telle croyance qu'apparaissent les premières hallucinations. Le malade dit alors : « on me fait voir… ». Il ne s'agit pas encore d'hallucinations à proprement parler dans la mesure où le malade conserve en partie la conscience de sa spontanéité et de l'irréalité de ce qu'il « voit ». Sartre les compare à ces hallucinations artificielles ou quasi hallucinations, provoquées par la mescaline, et qui se donnent pour ce qu'elles sont (p. 302). Les véritables hallucinations, en revanche, s'ignorent en tant que telles et supposent comme une désintégration de la pensée : le malade ne peut plus se concentrer, la distinction de l'objet et du sujet se brouille, la pensée perd toute unité thématique, etc. C'est dans un tel contexte — qui est comparable à celui dans lequel naissent l'image hypnagogique et le rêve — que survient « l'événement pur de l'hallucination » (p. 305).

Celle-ci relève bien d'une conscience imageante dont il ne saurait être question de nier la spontanéité. Normale ou pathologique, la conscience demeure une conscience : « le *cogito* cartésien conserve ses droits même chez les psychopathes » (p. 286). Mais nous pouvons comprendre à présent pourquoi le malade ignore sa spontanéité imageante au point d'affirmer entendre des voix ou voir le diable qui ne sont pourtant que les fruits de son imagination. Outre cette espèce de vertige obsessif au terme duquel l'hallucination s'impose à la conscience comme l'objet à la perception, il faut prendre en compte la nature de l'*expérience* hallucinatoire au sens où l'hallucination fait l'objet d'interprétations par le malade et ne se réduit pas au pur *événement* hallucinatoire. C'est au cours de cette expérience — qui a lieu en partie après coup et qui repose alors sur la mémoire — que l'hallucination perd son irréalité et trouve sa place au sein d'une conduite hallucinatoire qui confère à l'hallucination son poids de réalité. Désormais le malade a des visions. Afin de compléter cette présentation très elliptique rappelons que Sartre illustre cette conception de la psychose hallucinatoire dans une nouvelle intitulée *La Chambre* et publiée dans *Le Mur*.

III. Le rêve

Le rêve suscite la même objection que l'hallucination : le monde du rêve se donne comme un monde réel que je crois percevoir, et Sartre rappelle l'étonnement de Descartes dans la première de ses *Méditations métaphysiques* : « Combien de fois m'est-il arrivé de songer la nuit que j'étais en ce lieu, que j'étais habillé, que j'étais auprès du feu, quoique je fusse tout nu dedans mon lit ! » (p. 308). Comment dès lors rendre compte de la thèse du rêve, c'est-à-dire du fait que la conscience onirique semble affirmer la réalité du rêve alors que le rêveur devrait avoir conscience de son irréalité en tant que pure création d'une conscience imageante onirique ? En tentant de répondre à cette question, et même s'il ne prétend pas nous livrer une description exhaustive de la conscience onirique, Sartre nous propose les éléments d'une phénoménologie du rêve.

On peut tout d'abord remarquer que, comme dans le cas de l'hallucination, il n'y a pas d'expérience immédiate du rêve. À nouveau, ce n'est qu'après coup que je puis décrire en usant de la mémoire éveillée l'événement du rêve. Il nous est en effet impossible d'adopter à l'égard de notre rêve une attitude réflexive qui, comme dans le cas de la perception ou de la conscience imageante éveillée, nous donnerait un accès immédiat au phénomène du rêve. De deux choses l'une : soit je suis pris par mon rêve, soit je me dis que je rêve et cette réflexion correspond alors à un réveil. On peut deviner la raison de cette stricte alternative : la conscience qui se découvre rêvant — nous laissons de côté la question délicate abordée *in fine* (p. 336) d'une réflexion à l'intérieur du rêve, c'est-à-dire d'une réflexion imaginaire — pose la conscience onirique comme réelle ; elle quitte donc l'attitude imageante qui était la sienne et son monde irréel au profit d'une conscience perceptive interne qui saisit la conscience onirique comme une conscience réelle, et donc ne rêve plus. En dépit de cette difficulté méthodologique, tentons à la suite de Sartre de décrire phénoménologiquement le rêve et, même si nous ne pouvons pas ici reprendre toute l'argumentation sartrienne, de répondre à l'objection qu'il suscite.

Contrairement à ce que laisse entendre la formule « pince-moi, je rêve », il n'est pas vrai que lorsque je suis en train de percevoir je puis en douter au point de croire que je rêve. Ma perception en tant que telle, même en reconnaissant le caractère douteux du perçu, est aussi indubitable que mon existence. En outre, il faut remarquer que lorsque, durant mon sommeil, je m'éveille de manière fugitive, ma conscience réflexive pose le rêve pour ce qu'il est, précisément un rêve, et ne le confond pas avec la perception — Descartes d'ailleurs le reconnaît puisqu'il dit « *songer* la nuit ». Enfin, il n'est pas possible au cours d'un rêve de douter du fait que l'on rêve pour la simple raison qu'un tel acte suppose le retour réflexif de la conscience sur elle-même et, par conséquent, le réveil. Nous aboutissons ainsi à cette certitude, « c'est que la thèse du rêve ne saurait être celle de la perception » (p. 313), autrement dit la conscience onirique et la conscience perceptive diffèrent fondamentalement dans la manière de poser l'objet : dans un cas, elle l'imagine, il est irréel, dans l'autre, elle le perçoit, il est réel. Enfin, pour distinguer la conscience onirique de la conscience perceptive, Sartre souligne que le rêve diffère de la perception comme la croyance du savoir. Dans la perception, en effet, le perçu se donne selon une évidence qui est liée à la présence en chair et en os du perçu. Au contraire, « tout ce qui se passe dans un rêve, j'y crois » (p. 315).

Disons par avance que le verbe croire doit être ici compris au sens où l'on pourra dire d'un roman policier qu'on y croit ou d'un film mal construit, dont l'intrigue est tirée par les cheveux, qu'on y croit pas vraiment. À chaque fois, la conscience se laisse ou ne se laisse pas prendre par l'histoire sans pour autant, soulignons-le, affirmer la réalité de ce qui relève de l'imaginaire. Notre interrogation dès lors se modifie. Il ne s'agit plus d'élucider comment la conscience onirique pourrait prendre ses rêves pour la réalité, puisque une telle confusion ne se produit nullement, mais de voir d'où vient que la conscience puisse, au sens indiqué, *croire* à ce qui se passe au cours de ses rêves. Dans cette perspective, il nous faut alors comprendre que le rêve est « la réalisation parfaite d'un imaginaire clos » (p. 319) ou encore que dans le rêve la conscience est prise au point de ne pas pouvoir interrompre le rêve qui est pourtant son œuvre. Mais qu'est-ce à dire ? Comment se fait-il que la conscience onirique ne dispose pas de la liberté de la conscience éveillée qui peut à volonté imaginer l'objet qu'elle perçoit, et qu'il ne lui soit pas possible, à moins de se réveiller, de sortir de son rêve ?

Cette captivité de la conscience onirique se manifeste bien dans le fait que les éléments composant la matière du rêve — qu'ils soient internes comme les sensations cénesthésiques, ou externes comme les craquements du parquet — sont toujours saisis par la conscience onirique comme *valant pour* quelque chose d'autre et ne sont jamais perçus en eux-mêmes. Ainsi, dans un rêve évoqué par Proust dans *À la recherche du temps perdu*, la coloration rouge de la lumière solaire passant à travers un rideau est appréhendée par la conscience non comme telle mais comme *valant pour* du sang (p. 316). Ne pouvant pas sortir de l'attitude imageante dans laquelle elle s'est enfermée, la conscience onirique ne peut donc percevoir quoi que ce soit, et tout ce qu'elle saisit l'est à titre de matière du rêve. Ainsi le craquement du parquet devient, par exemple, un bruit de pas. Il ne s'agit pas d'une perception fausse, comme le pense Alain, qui confond alors conscience perceptive et conscience imageante, mais le craquement sert de matière à la conscience onirique pour imaginer pendant son sommeil des pas. D'une manière tout à fait suggestive, Sartre compare la conscience onirique au roi Midas qui, à la suite d'un vœu irréfléchi, transforme en or tout ce qu'il touche (p. 339). De même celui qui rêve ne peut rien percevoir, ou sinon il se réveille, et transforme en image ce qu'il pourrait percevoir s'il était éveillé.

> Le bruit d'un réveille-matin est saisi d'abord comme *analogon* du bruit d'une source, d'une sonnerie de cloches, d'un roulement de tambour, etc. Mais si nous nous éveillons, nous passons précisément à la *perception* du bruit du réveil (p. 318).

La captivité de la conscience onirique peut se comprendre tout d'abord à partir du caractère *intéressant* du rêve. En effet, le rêve se distingue de l'image hypnagogique — nous avons vu que l'image hypnagogique ou image préonirique est en quelque sorte un rêve qui ne prend pas — par son historicité. En d'autres termes, « tout rêve se donne à nous comme une histoire » (p. 322) et, tandis que l'image hypnagogique est isolée, coupée de tout, l'image onirique apparaît comme un événement qui a lieu quelque part et qui possède un passé et un avenir. Par exemple, au moment de m'endormir je puis avoir l'image d'un poisson. Soudain, ce poisson a une histoire et je suis persuadé qu'il a été pêché dans telle rivière, qu'il va être mangé, etc. ; le poisson est devenu intéressant et s'inscrit désormais dans une histoire que la conscience onirique se raconte. La conscience qui rêve est donc comparable à celle qui lit un roman policier, qui est prise par sa lecture, qui croit à ce qu'elle lit et qui est hantée par les aventures du héros.

En un mot, la conscience onirique comme la conscience de lecture sont des consciences *fascinées*.

Cela ne suffit toutefois pas et il nous faut approfondir la comparaison du rêve et de la lecture. La lecture implique un certain degré de captivité qui varie largement non seulement, cela va sans dire, selon la qualité du roman mais aussi selon le type d'écriture romanesque : l'histoire est écrite au passé ou au présent, à la première ou à la troisième personne, etc. Chacun sait qu'un roman est d'autant plus « passionnant », prenant, envoûtant que je m'identifie étroitement à son héros sans toutefois que cette identification soit complète puisque je conserve la conscience de mon altérité. Ainsi, dans la lecture d'un roman, « je suis irréellement le héros, tout en étant encore différent de lui ; je suis moi-même et un autre » (p. 331). Il en va de même du rêve dont le caractère envoûtant est lié, selon Sartre, à l'apparition du dormeur lui-même dans le monde imaginaire du rêve. Tout d'un coup, je suis le héros de mon rêve, je suis l'esclave qui fuit devant le tigre. L'identification implique le surgissement dans le monde du rêve d'un moi imaginaire qui n'est autre que celui du rêveur se prenant, par exemple, pour l'esclave qui fuit. Mais à la différence de la lecture au cours de laquelle la conscience conserve toujours une certaine distance avec le héros, le rêve se caractérise par une (presque) totale identification. Dès lors l'intérêt change de nature car tout ce qui arrive en rêve n'arrive plus à quelqu'un pour lequel j'éprouve de la sympathie mais *m*'arrive. Même si l'identification n'est pas totale — la dualité du moi-imaginaire et du moi-réel qui rêve demeure puisque dans le rêve « tout est vu et su d'un point de vue supérieur qui est celui du dormeur se représentant un monde, et d'un point de vue relatif et borné qui est celui du moi-imaginaire plongé dans le monde » (p. 333) —, le rêve n'est plus un spectacle qui se déroule devant moi mais j'y suis « en danger » : c'est moi qui suis menacé, poursuivi, félicité, etc. À la fascination succède alors, nous dit Sartre, un état de *transes* — au sens où, dans certaines cérémonies religieuses, le croyant peut entrer en transes comme s'il était habité par un esprit étranger et ne s'appartenait plus. Dès lors, je suis pris par cette histoire, je suis captif de mon propre rêve au point que le réel n'existe plus pour moi.

Le rêve tout comme l'hallucination, l'émotion, la fascination, nous présente portée à un degré extrême la figure paradoxale d'une auto-captation de la conscience qui est spontanéité et, comme nous allons le voir, liberté.

Peut-on concevoir une conscience sans imagination ?

La question peut paraître oiseuse. Et pourquoi ne pas se demander ce que serait un couteau sans lame ni manche ? En vérité, notre question concerne la nature, mieux, le mode d'être de la conscience. À la différence des simples objets qui, selon une terminologie empruntée à Heidegger, sont « au-milieu-du-monde », la conscience est « dans-le-monde » — on dit parfois pour mieux distinguer l'un et l'autre que la conscience est « au-monde » — ce qui signifie, nous allons le voir, que la conscience est liberté. Reconnaissons-le, cette première partie de la conclusion de *L'Imaginaire* paraîtra non sans raison d'une lecture difficile. Tentons néanmoins d'en dégager l'idée fondamentale qui, sans aucun doute, constitue le cœur de la pensée sartrienne. On peut penser, en effet, que Sartre n'aurait jamais consacré tant de pages à l'imagination si celle-ci ne l'avait pas conduit à l'évidence de la liberté.

Il faut tout d'abord revenir sur la thèse ou position d'existence qui caractérise la conscience imageante. Lorsque je perçois un objet, celui-ci est posé comme réel, et si je l'imagine il est alors posé comme irréel, comme donné-absent. Le centaure en image n'appartient pas plus au monde réel que Pierre en image, et ce, quand bien même Pierre serait actuellement à Berlin. Justement, je pense à Pierre et l'imagine parce qu'il n'est pas là. Ainsi, parce que l'objet imaginaire *n'*est *pas* réel il comprend en lui-même une *négation*. Imaginer quelque chose c'est poser un objet comme irréel et, du même coup, aussi bien nier qu'il est réel (l'objet irréel *n'*est *pas* réel) que nier le réel en posant l'objet irréel (le réel *n'*est *pas* l'objet irréel). Or, se demande Sartre, comment une conscience peut-elle imaginer et donc nier le réel ? plus précisément, puisque l'imaginaire n'est rien de réel et ne fait pas partie du monde, comment une conscience peut-elle, imaginant, nier la totalité du réel, c'est-à-dire le monde ?

Pour ce faire il n'est pas nécessaire que la conscience connaisse le monde dans ses moindres détails afin de pouvoir le nier dans sa totalité ; simplement la conscience dans l'acte même de la production d'une image nie d'un coup le monde posé globalement. Puisqu'elle est capable de « s'op-poser » le monde pris globalement, il faut donc admettre la possibilité pour la conscience de prendre « une position de recul par rapport au monde » (p. 353), donc reconnaître la possibilité pour la conscience d'échapper au monde, de s'en affranchir, bref il faut affirmer la liberté de la conscience. En effet, si la conscience est en mesure d'échapper au monde cela signifie qu'elle n'est pas, à la différence de ce stylo ou de cette pierre, quelque chose embourbé « au-milieu-du-monde », soumis à ses lois et à son déterminisme. Il faut donc dire qu'elle est « dans-le-monde » au sens où, certes, elle est toujours quelque part dans le monde sans pour autant — à la différence du stylo et de la pierre qui sont dépourvus précisément de conscience et sont incapables de prendre du recul par rapport au monde — être prisonnière du monde puisqu'elle est capable comme l'atteste un simple acte imageant de s'en échapper et de le nier.

Nous n'avons jusqu'ici employé que le seul terme de négation. Or le simple jugement de négation est lui-même rendu possible par le non-être ; et ce que Sartre appelle néantisation n'est rien d'autre que l'acte par lequel la conscience fait surgir du non-être, c'est-à-dire du néant, au sein du monde même. Ainsi imaginer un centaure suppose une thèse d'irréalité : je pose le centaure comme un irréel ; cette thèse enveloppe une négation du monde : ce centaure imaginé *n*'est *pas* réel, ne fait pas partie du monde ; cette négation suppose à son tour non pas l'anéantissement mais, ce qui est très différent, la néantisation du monde au terme de laquelle le monde n'est donc plus plénitude d'être et pleine positivité mais « monde-où-le-centaure-n'est-pas » (p. 355). Autrement dit, le centaure en tant qu'irréel est néant par rapport au monde, et le monde, puisqu'il est « monde-où-le-centaure-n'est-pas », est néant par rapport au centaure. Enfin, cette néantisation du monde, tout comme la négation dont elle est la condition, a pour condition une position de recul de la conscience par rapport au monde dont elle s'extrait et qu'elle saisit comme totalité. Sartre peut donc écrire :

> Ainsi la thèse d'irréalité nous a livré la possibilité de la négation comme sa condition, or, celle-ci n'est possible que par la « néantisation » du monde comme totalité et cette néantisation s'est révélée à nous comme étant l'envers de la liberté même de la conscience (p. 354).

Tentons à présent de répondre à notre question : peut-on concevoir une conscience qui n'imaginerait jamais ? En d'autres termes, l'imagination n'est-elle qu'une faculté contingente de telle sorte qu'on pourrait concevoir une conscience qui serait dépourvue de la capacité d'imaginer ? Grâce à cette analyse des conditions de possibilité de la conscience imageante nous avons découvert que la conscience, d'une part, ne peut imaginer que sur fond de monde et, d'autre part, qu'elle doit être libre pour pouvoir imaginer. En un mot, la conscience imageante est une conscience dont le mode d'être est nécessairement celui de « l'être-dans-le-monde » et non celui de « l'être-au-milieu-du-monde ». Or tel est également ce que révèle le *cogito* cartésien. En effet, pour aboutir au début de la deuxième de ses *Méditations métaphysiques* à cette évidence : « je pense, je suis », Descartes met au préalable en doute l'existence même du monde, acte qui implique « la constitution du réel comme monde et sa néantisation de ce même point de vue » (p. 357). En d'autres termes, lorsque je doute de l'existence du monde, je pose d'un coup la totalité du réel comme réel puis j'envisage la possibilité que ce monde *ne* soit *pas* réel, c'est-à-dire la possibilité de le nier, mieux, de découvrir le néant de son être, de le néantiser. En outre, le doute et sa position du monde comme totalité impliquent une position de recul, la possibilité d'échapper au monde, et la saisie réflexive du doute comme doute coïncide donc avec l'intuition de la liberté. Retrouvant dans le *cogito* l'être-dans-le-monde de la conscience imageante, nous pouvons donc conclure que « l'imagination n'est pas un pouvoir empirique et surajouté de la conscience, c'est la conscience tout entière en tant qu'elle réalise sa liberté » (p. 358). Enfin, que toute conscience soit nécessairement une conscience imageante s'imposera à nous définitivement si l'on veut bien considérer que la conscience ne cesse de désirer quelque chose qui n'est pas donné, et qu'elle imagine en permanence ce qui manque. Ainsi « l'imaginaire est en chaque cas le "quelque chose" concret vers quoi l'existant est dépassé » (p. 359).

Les œuvres d'art existent-elles ?

Sartre achève cette étude de l'imaginaire en appliquant à l'œuvre d'art ce qu'il a découvert à propos de l'image en général. En effet, nous disons que nous avons *entendu* la *Septième Symphonie* de Beethoven ou encore que nous avons *vu* une pièce de théâtre, un film, un tableau, etc. Or est-il vrai que nous puissions entendre ou voir, donc percevoir une œuvre d'art ? Si l'œuvre d'art est un irréel, ne faut-il pas admettre qu'elle ne se dévoile qu'à une conscience imageante et non à une conscience perceptive ?

Sartre dénonce la confusion que l'on fait ordinairement entre le réel et l'imaginaire dans l'œuvre d'art. Nous avons vu que dans le cas des images matérielles, la conscience imageante saisit la toile, les couches réelles de peinture, le tableau non pas pour eux-mêmes et en eux-mêmes mais en tant que matière ou *analogon*. Il faut donc soigneusement distinguer dans le cas, par exemple, d'un portrait de Charles VIII, d'une part, ce qui est réel et qui sert de matière et, d'autre part, ce qui est irréel, en l'occurrence Charles VIII en image. Or, lorsque nous contemplons une œuvre d'art, nous considérons ce qu'elle représente et, par conséquent, l'objet irréel Charles VIII, et non ce qui peut, comme la toile ou le cadre, faire l'objet d'une perception dès que nous abandonnons notre attitude imageante.

C'est pourquoi il serait erroné de dire que le peintre *réalise* ce qu'il a auparavant imaginé. Ce serait à nouveau confondre l'œuvre d'art et son support matériel, et considérer l'œuvre d'art comme quelque chose de *réel* qui a donc été *réalisé*. À dire vrai, grâce à ses pinceaux et ses couleurs, le peintre n'offre à la conscience imageante qu'un *analogon* à partir duquel elle peut se représenter Charles VIII, et l'art du portrait réside dans l'agencement de différentes couleurs sur la toile de telle sorte que la conscience imageante du spectateur puisse se représenter la personne que l'artiste a choisi précisément de peindre.

Mais ce portrait, l'artiste le veut en outre émouvant. Dira-t-on alors que le plaisir esthétique est lui-même irréel ? Ce serait absurde. Il nous faut donc à nouveau bien distinguer le réel de l'imaginaire. L'objet esthétique est un objet irréel et, dans le cas d'une œuvre d'art, c'est cet objet irréel qui est beau. En revanche, le plaisir esthétique est bien réel. Simplement à la différence du plaisir réel suscité par un objet réel, le plaisir esthétique tient sa spécificité de ce qu'il se rapporte à travers le tableau à un objet irréel.

C'est, par exemple, le rouge laineux du tapis irréel qui est beau et qui entre en contraste avec le vert du mur irréel. En affirmant l'irréalité de l'objet du sentiment esthétique Sartre retrouve, à sa manière, la thèse kantienne du désintéressement de la contemplation esthétique (p. 366).

On pourrait objecter à cette conception de la conscience esthétique et de l'œuvre d'art comme d'un irréel, qu'elle s'applique difficilement aux autres arts, qu'il s'agisse de l'art dramatique ou de la musique, et qu'elle ne vaut finalement que pour la peinture et, qui plus est, que pour la peinture réaliste. En effet, dans le cas de la peinture cubiste, voire non figurative, quel objet irréel la conscience peut-elle bien viser à partir de la toile et de ses couleurs ? Certes, nous répond *L'Imaginaire*, ce que nous saisissons n'est plus assimilable à un tapis ou à un mur mais il s'agit toujours de choses irréelles qui ont une forme définie et qui sont les unes par rapport aux autres dans des rapports spatiaux imaginaires. Pour ce qui concerne l'art dramatique, il va de soi que le décor, les costumes, le mobilier ne sont pas saisis pour eux-mêmes et que c'est, par exemple, au moment des applaudissement — ou encore lorsqu'on s'ennuie — que la forêt imaginaire redevient un carton-pâte verdâtre et l'épée un simple bout de bois ; de même, nous pleurons la mort d'Hamlet et non celle de l'acteur réel qui, prêtant son corps à titre d'*analogon* au héros de Shakespeare, se contente de mimer la mort.

Ces quelques remarques permettent déjà d'affirmer, d'une part, que l'œuvre d'art n'existe pas plus que ce que nous imaginons ou rêvons : « elle est hors du réel, hors de l'existence » (p. 371) ; et, d'autre part, que le réel n'est jamais beau puisque ce qui est beau, nous l'avons vu, ce n'est pas l'*analogon* mais l'objet irréel de la conscience imageante.

Textes commentés

Qu'est-ce qu'une image ?

Nous dirons en conséquence que l'image est un acte qui vise dans sa corporéité un objet absent ou inexistant, à travers un contenu physique ou psychique qui ne se donne pas en propre, mais à titre de « représentant analogique » de l'objet visé. Les spécifications se feront d'après la matière, puisque l'intention informatrice reste identique. Nous distinguerons donc les images dont la matière est empruntée au monde des choses (images d'illustration, photos, caricatures, imitations d'acteurs, etc.) et celles dont la matière est empruntée au monde mentale (conscience de mouvements, sentiments, etc.). Il existe des types intermédiaires qui nous présentent des synthèses d'éléments extérieurs et d'éléments psychiques, comme lorsqu'on voit un visage dans la flamme, dans les arabesques d'une tapisserie, ou dans le cas des images hypnagogiques, que l'on construit, nous le verrons, sur la base de lueurs entoptiques.

On ne saurait étudier à part l'image mentale. Il n'y a pas un monde des images et un monde des objets. Mais tout objet, qu'il soit présenté par la perception extérieure ou qu'il apparaisse au sens intime, est susceptible de fonctionner comme réalité présente ou comme image, selon le centre de référence qui a été choisi. Les deux mondes, l'imaginaire et le réel, sont constitués par les mêmes objets ; seuls le groupement et l'interprétation de ces objets varient. Ce qui définit le monde imaginaire comme l'univers réel, c'est une attitude de la conscience.

Sartre, *L'Imaginaire*, © Éditions Gallimard, 1986, p. 46-47.

Comprenons bien tout d'abord la définition que Sartre nous propose de l'image au début de ce texte. L'image n'est pas un état de la conscience, ni une sensation ou perception renaissante comme le pense l'associationnisme mais l'acte d'une conscience que Sartre dénomme, soulignant ainsi l'activité de celle-ci, la conscience imageante. Intentionnelle, cette conscience comme toute conscience est conscience d'un quelque chose qu'elle vise d'une manière spécifique en sorte qu'on ne saurait confondre la conscience imageante et la conscience perceptive. Certes, la conscience imageante comme la perception vise son objet dans sa corporéité, c'est-à-dire qu'elle se le représente pourrait-on dire en chair et en os ; mais parce que celui-ci est absent (Pierre est en voyage) ou inexistant (le centaure), la conscience imageante vise cet objet à travers une matière qui est, selon les cas, physique ou psychique. Lorsque la conscience vise Pierre à travers son portrait, la toile peinte constitue une matière physique extérieure à la conscience. Mais il va de soi que je puis également me représenter Pierre indépendamment de son portrait ou de sa photographie, et la conscience se donne alors une matière psychique (kinesthèse, affectivité, langage) qu'étudie la deuxième partie de *L'Imaginaire*. Enfin, cette définition de l'image précise que, dans les deux cas, la matière n'est pas perçue pour elle-même par la conscience mais qu'elle est saisie en tant qu'*analogon*, c'est-à-dire en tant qu'elle présente une certaine ressemblance avec l'objet visé. Le reste du texte ne présente guère de difficultés. Sartre distingue deux types d'image : l'image mentale et l'image matérielle, tout en précisant qu'il existe des types intermédiaires qui suppléent à la pauvreté de leur matière physique en visant également l'objet à travers une matière psychique. Enfin, nous retiendrons du deuxième paragraphe l'idée que perception et imagination — qui, selon Sartre, font partie des quatre ou cinq grandes fonctions de la conscience — dépendent de l'attitude choisie par la conscience puisqu'un objet perçu quel qu'il soit peut servir de matière à une conscience imageante.

L'image et le concept

Trois cas peuvent se produire : dans le premier, nous manquons le sens du concept cherché ou nous l'abordons indirectement. En ce cas, nos premières approximations se présenteront sous la forme d'objets individuels appartenant à l'extension de ce concept. Si je cherche à penser le concept « homme », je pourrai m'orienter en produisant l'image d'un homme particulier... Mais il se peut qu'ensuite notre pensée saisisse directement le concept lui-même. Celui-ci — c'est le second cas — pourra apparaître alors sous forme d'un objet dans l'espace. Mais cet objet ne sera pas individualisé, ce ne sera plus tel ou tel homme, ce sera *l'homme*, la classe faite homme. L'objet de notre conscience imageante sera, naturellement, un homme indéterminé... Ce sera comme la conscience fugitive d'avoir un homme devant soi, sans qu'on puisse ni qu'on veuille savoir son aspect, sa couleur, sa taille, etc. Cette façon d'aborder le concept en extension est, sans doute, d'un niveau de pensée encore assez bas. Mais si en troisième lieu nous l'abordons tout de suite en compréhension, c'est-à-dire comme système de rapports, il nous apparaîtra alors comme un ensemble de pures déterminations de l'espace qui n'auront d'autre fonction que de *le présenter* : c'est-à-dire qu'il prendra la forme d'un schème symbolique. Mais des concepts comme « homme », « cheval », etc. sont trop chargés de sensible et trop pauvres en contenu logique pour que nous nous élevions souvent à ce troisième stade. Le schème symbolique n'apparaît qu'avec un effort de compréhension, c'est-à-dire à l'occasion de pensées abstraites. Ces trois façons qu'a le concept d'apparaître à la pensée irréfléchie correspondent donc à trois attitudes nettement définies de la conscience. Dans la première je m'oriente, je cherche autour de moi. Dans la seconde je reste parmi les objets mais je fais paraître la classe même, la collection de ces objets en tant que telle à ma conscience. Dans la troisième, je me détourne nettement des choses (comme unités ou comme collection) pour me tourner vers les rapports. [...] En fait, il n'y a pas *des* concepts et *des* images. Mais il y a pour le concept deux façons d'apparaître : comme pure pensée sur le terrain réflexif et, sur le terrain irréfléchi, comme image.

Sartre, *L'Imaginaire*, © Éditions Gallimard, 1986, p. 218-219.

Une psychologie des facultés tend à séparer l'image du concept au point de les considérer indépendamment l'un de l'autre : soit je pense, soit j'imagine. Tout à l'opposé, pour Sartre, la fonction imageante est une fonction symbolique, c'est-à-dire qu'elle se rapporte essentiellement à la pensée pure et réfléchie dont elle est une forme dégradée et irréfléchie. Dans cette perspective Sartre distingue trois manières pour la conscience imageante de se rapporter au concept.

Tout d'abord, l'image peut être une simple image d'illustration et la conscience imagine un objet individuel. Par exemple, je pense le concept homme en imaginant *un* homme de mon entourage. Cette manière de penser, qui est celle de Hippias (p. 214), correspond pour Sartre à une forme inférieure de la pensée humaine car elle aborde le concept en extension et non en compréhension, c'est-à-dire qu'elle se tourne vers les objets auxquels s'applique le concept (extension) au lieu de considérer les caractères distinctifs du concept (compréhension). Une autre possibilité qui, comme la précédente, n'envisage toujours le concept que du point de vue de son extension, consiste pour la conscience imageante à se représenter encore l'homme comme un objet dans l'espace mais de manière suffisamment indéterminée du point de vue de la taille, de la couleur, etc. pour que cette représentation désigne non plus tel ou tel homme mais *l'homme*. Enfin, la conscience imageante peut saisir les rapports qui constituent la compréhension du concept. Le concept d'échange, par exemple, peut se présenter sous la forme d'un ruban en tant que schème qui symbolise le processus circulaire de l'échange (p. 191).

Au terme de ce texte Sartre peut envisager deux modes d'apparaître du concept qui correspondent à deux attitudes de la conscience : soit le concept est pensé sous une forme pure au sein d'une attitude réflexive, et dans ce cas la pensée se déploie indépendamment de toute forme d'image ; soit sous une forme impure et imagée. Dans ce dernier cas, la conscience est dans une attitude non réflexive que l'on peut décrire en distinguant à nouveau trois attitudes qui correspondent aux différents rapports du concept et de l'image que nous venons d'envisager.

Sentiment vrai et sentiment imaginaire

Ainsi peut-on, du fait même de l'extraordinaire différence qui sépare du réel l'objet en image, distinguer deux classes irréductibles de sentiment : les sentiments vrais et les sentiments *imaginaires*. Par ce dernier qualificatif nous n'entendons pas qu'ils sont eux-mêmes irréels, mais qu'ils n'apparaissent jamais qu'en face des objets irréels et qu'il suffit de l'apparition du réel pour les mettre en fuite aussitôt, comme le soleil dissipe les ombres de la nuit. Ces sentiments dont l'essence est d'être *dégradés*, pauvres, saccadés, spasmodiques, schématiques ont besoin du non-être pour exister. Tel s'acharnera en pensée sur son ennemi, le fera souffrir moralement et physiquement qui restera sans défense lorsqu'il sera réellement en sa présence. Que s'est-il passé ? Rien si ce n'est que l'ennemi, à présent, existe réellement. Tout à l'heure le sentiment donnait seul le sens de l'image. L'irréel n'était là que pour permettre à la haine de s'objectiver. Maintenant le présent déborde le sentiment de toutes parts et la haine reste en suspens, déroutée. Ce n'est pas là ce qu'elle haïssait ; à cet homme de chair et d'os, tout vif, nouveau, imprévisible, elle n'est pas adaptée. Elle ne haïssait qu'un fantôme taillé exactement à sa mesure et qui était sa réplique exacte, son sens. Elle ne reconnaît pas cet être neuf qui s'oppose à elle. Proust a bien montré cet abîme qui sépare l'imaginaire du réel, il a bien fait voir qu'on ne peut trouver de passage de l'un à l'autre et que le réel s'accompagne toujours de l'écroulement de l'imaginaire, même s'il n'y a pas de contradiction entre eux, parce que l'incompatibilité vient de leur nature et non de leur contenu.

Sartre, *L'Imaginaire*, © Éditions Gallimard, 1986, p. 280.

Dans la quatrième partie de notre texte, Sartre aborde « la vie imaginaire », c'est-à-dire cette part plus ou moins importante de notre existence suivant les individus, qui englobe aussi bien les objets irréels que nous formons que nos conduites à leur égard.

Quelques pages auparavant, Sartre montre de manière détaillée qu'un amour « varie du tout au tout, selon que son objet est présent ou absent » (p. 276). Il va de soi que ceci s'applique à toute l'affectivité et qu'il faut, d'une manière générale, distinguer entre les sentiments vrais et les sentiments imaginaires. Prévenons immédiatement un possible malentendu : ce que Sartre appelle sentiment imaginaire ne désigne pas un sentiment *irréel* pour un objet irréel mais, à la différence de l'amour *irréel* d'un personnage romanesque tel que le Swann de *À la Recherche du temps perdu*, est dit imaginaire ici le sentiments *réel* pour un objet irréel. En d'autres termes, Sartre oppose les sentiments vrais pour des objets réels et les sentiments réels, qui ne sont donc pas eux-mêmes l'objet d'une conscience imageante, que nous éprouvons avec les objets irréels que nous imaginons. Je puis, par exemple, imaginer et haïr Pierre. À la différence du sentiment-passion provoqué par l'objet réel, cette haine est un sentiment-action, et l'irréel Pierre n'est là que « pour permettre à la haine de s'objectiver ».

Malgré une apparente similitude, sentiment vrai ou sentiment-passion et sentiment imaginaire ou sentiment-action sont irréductibles. En devenant agi et imaginaire, le sentiment se *dégrade*, c'est-à-dire qu'il perd la richesse et la profondeur inépuisable qui, dans le cas d'un sentiment vrai, vient précisément de la richesse et de la profondeur de l'objet réel — au sens où, dans un objet réel, la multiplicité de ses aspects (richesse) me réserve toujours quelque chose à découvrir (profondeur). En revanche, nous avons vu la pauvreté fondamentale de l'objet imaginaire qui jamais n'est capable de nous surprendre par un aspect que nous ne lui connaissions pas, et, corrélativement, les sentiments imaginaires sont par essence « pauvres » et « schématiques ». D'ailleurs, cette différence de nature des sentiments vrais et imaginaires apparaît bien dans l'expérience évoquée par Sartre : que survienne réellement la personne haïe, et je resterai interdit, « sans défense ».

Le rêve

Nous pouvons conclure : le rêve ne se donne point — contrairement à ce que croit Descartes — comme l'appréhension de la réalité. Au contraire il perdrait tout son sens, toute sa nature propre s'il pouvait un instant se poser comme réel. Il est avant tout une *histoire* et nous y prenons le genre d'intérêt passionné que le lecteur naïf prend à la lecture d'un roman. Il est vécu comme fiction et c'est seulement en le considérant comme fiction qui se donne pour telle que nous pouvons comprendre le genre de réactions qu'il provoque chez le dormeur. Seulement c'est une fiction « envoûtante » : la conscience — comme nous l'avons montré dans notre chapitre sur l'image hypnagogique — s'est nouée. Et ce qu'elle vit, en même temps que la fiction appréhendée comme fiction, c'est l'impossibilité de sortir de la fiction. De même que le roi Midas transformait en or tout ce qu'il touchait, la conscience s'est déterminée elle-même à transformer tout ce qu'elle saisit en imaginaire : de là le caractère fatal du rêve. C'est la saisie de cette fatalité comme telle qu'on a souvent confondue avec une appréhension du monde rêvé comme réalité. En fait ce qui fait la nature du rêve c'est que la réalité échappe de toute part à la conscience qui veut la ressaisir ; tous les efforts de la conscience se tournent malgré elle à produire de l'imaginaire. Le rêve ce n'est point la fiction prise pour la réalité, c'est l'odyssée d'une conscience vouée par elle-même, et en dépit d'elle-même, à ne constituer qu'un monde irréel. Le rêve est une expérience privilégiée qui peut nous aider à concevoir ce que serait une conscience qui aurait perdu son « être-dans-le-monde » et qui serait privée, du même coup, de la catégorie du réel.

Sartre, *L'Imaginaire*, © Éditions Gallimard, 1986, p. 338-339.

Est-il bien vrai, comme le suggère Descartes au début des *Méditations métaphysiques*, que je prenne mes rêves pour la réalité ? Avant de répondre trop vite il faut examiner la nature du rêve. Qu'est-ce donc que rêver ?

Rêver c'est tout d'abord, conformément à la fonction symbolique de la conscience imageante, se raconter une histoire dont le rêve est précisément la mise en image. Aussi le rêve est-il vécu non comme une aventure *réelle* — car comment la conscience pourrait-elle ignorer ce qu'elle fait ? — mais comme une fiction, et le rêve suscite le même genre de réactions que la lecture d'un roman passionnant : on se réjouit, on pleure, on se désespère, etc. Dans un cas comme dans l'autre, la conscience est prise, voire, pour ce qui concerne le rêve, envoûtée. C'est dire qu'aucune motivation n'est en mesure de détourner la conscience de son rêve et que la conscience onirique est captive de sa fiction au point qu'elle s'efforce d'utiliser comme matière de son activité imageante tout ce qui serait susceptible de la troubler — y compris, parfois, la sonnerie du réveille-matin. Comme le roi Midas, elle transforme « tout ce qu'elle saisit en imaginaire ». Nous comprenons alors le caractère *fatal* du rêve pour une conscience qui a perdu la liberté d'échapper à ce qui lui arrive en rêve, au besoin en se réveillant, et qui, en outre, ne peut pas plus prévoir ou modifier le déroulement de son rêve qu'elle ne peut choisir de percevoir une table lorsqu'une chaise lui fait face. Cette apparente proximité du rêve et de la perception explique, selon Sartre, que certains en viennent à affirmer après coup que le rêve se donne comme l'appréhension perceptive de la réalité. Dans les deux cas on retrouve effectivement une certaine passivité de la conscience qui rapproche la conscience onirique de la conscience perceptive sans toutefois que l'une soit assimilable à l'autre.

Le rêve n'est donc pas comme le pense Descartes cette conscience imageante qui confond l'imaginaire et le réel mais l'aventure (odyssée) d'une conscience prise par la fiction, vouée donc à vivre dans l'imaginaire et dont l'envoûtement est tel qu'elle a pour ainsi dire perdu la catégorie du réel et son être-dans-le-monde.

Imagination et liberté

L'analyse critique des conditions de possibilité de toute imagination nous a conduit aux découvertes suivantes : pour imaginer, la conscience doit être libre par rapport à toute réalité particulière et cette liberté doit pouvoir se définir par un « être-dans-le-monde » [...]. Si telles sont les conditions pour que l'imagination soit possible, correspondent-elles à une spécification, à un enrichissement contingent de l'essence « conscience » ou bien ne sont-elles rien autre que l'essence même de cette conscience considérée d'un point de vue particulier ? Cette conscience libre, en effet, dont la nature est d'être conscience *de* quelque chose, mais qui, par là même, se constitue elle-même en face du réel et qui le dépasse à chaque instant parce qu'elle ne peut être qu'en « étant-dans-le-monde », c'est-à-dire en vivant son rapport au réel comme *situation*, qu'est-ce en effet sinon tout simplement la conscience telle qu'elle se révèle à elle-même dans le *cogito*.

La condition même du *cogito* n'est-elle pas d'abord le doute, c'est-à-dire à la fois la constitution du réel comme monde et sa néantisation de ce même point de vue, et la saisie réflexive du doute comme doute ne coïncide-t-elle pas avec l'intuition apodictique de la liberté ?

Il nous est donc permis de conclure : l'imagination n'est pas un pouvoir empirique et surajouté de la conscience, c'est la conscience tout entière en tant qu'elle réalise sa liberté ; toute situation concrète et réelle de la conscience dans le monde est grosse d'imaginaire en tant qu'elle se présente toujours comme un dépassement du réel. Il ne s'ensuit pas que toute perception de réel doive s'inverser en imaginaire, mais comme la conscience est toujours « en situation » parce qu'elle est toujours libre, il y a toujours et à chaque instant pour elle une possibilité concrète de produire de l'irréel. Ce sont les différentes motivations qui décident à chaque instant si la conscience sera seulement réalisante ou si elle imaginera. L'irréel est produit hors du monde par une conscience qui *reste dans le monde* et c'est parce qu'il est transcendantalement libre que l'homme imagine.

Sartre, *L'Imaginaire*, © Éditions Gallimard, 1986, p. 356.

L'imagination est-elle une capacité humaine parmi d'autres que nous découvre l'expérience, ou bien toute conscience est-elle nécessairement une conscience imageante ? Afin de répondre à cette question Sartre s'interroge sur les conditions de possibilité de l'imagination et constate qu'elles coïncident avec celle du *cogito* et avec l'essence même de la conscience : la liberté.

En effet, imaginer, par exemple un centaure, ne suppose qu'une seule chose : que la conscience soit libre, c'est-à-dire capable de s'affranchir du réel pour pouvoir poser quelque chose en marge du réel, quelque chose d'irréel. Reprenant une distinction de Heidegger, Sartre précise ensuite la nature de cette liberté : pour imaginer la conscience ne peut pas être comme une chose au-milieu-du-monde mais doit bien plutôt se définir comme un être-dans-le-monde puisque la conscience imageante doit être en mesure de *constituer* le monde, de le poser comme réel, et de le *néantiser* en posant un objet irréel par rapport auquel le monde est un néant, un monde-où-le-centaure-n'est-pas.

Or, c'est précisément cette liberté que nous retrouvons au principe du doute méthodique qui conduit Descartes à suspendre sa croyance en l'existence du monde. Le doute suppose, en effet, que je pose l'existence réelle du monde (constitution) puis que j'envisage la possibilité que ce monde n'existe pas (néantisation). Ainsi, la saisie réflexive de l'acte de douter me donne l'évidence absolument indubitable de ma liberté, c'est-à-dire de mon être en tant qu'être-dans-le-monde.

Pas plus que la capacité de douter, l'imagination n'est donc une faculté parmi d'autres que la conscience pourrait perdre en demeurant ce qu'elle est. Mais l'imagination est inséparable de la liberté qui constitue l'être même de la conscience. Ceci ne signifie pas que la conscience imagine en permanence mais que la conscience peut toujours adopter une attitude imageante, c'est-à-dire non pas refléter le réel mais le *dépasser*, aller au-delà de ce qui est réel en se représentant ce qui n'est pas. Ainsi un être qui ne serait pas libre, de cette liberté transcendantale qui se révèle lorsqu'on a mis le monde entre parenthèse, serait incapable d'imaginer, et réciproquement.

Qu'est-ce qu'un tableau ?

Il est fréquent en effet d'entendre dire que l'artiste a d'abord une idée en image qu'il réalise ensuite sur la toile. L'erreur vient ici de ce que le peintre peut, en effet, partir d'une image mentale qui est, comme telle, incommunicable et de ce que, à la fin de son travail, il livre au public un objet que chacun peut contempler. On pense alors qu'il y a eu passage de l'imaginaire au réel. Mais cela n'est point vrai. Ce qui est réel, il ne faut pas se lasser de l'affirmer, ce sont les résultats des coups de pinceau, l'empâtement de la toile, son grain, le vernis qu'on a passé sur les couleurs. Mais précisément tout cela ne fait point l'objet d'appréciations esthétiques. [...] En fait le peintre n'a point *réalisé* son image mentale : il a simplement constitué un analogon matériel tel que chacun puisse saisir cette image si seulement on considère l'analogon. Mais l'image ainsi pourvue d'un analogon extérieur demeure image. Il n'y a pas réalisation de l'imaginaire, tout au plus pourrait-on parler de son objectivation.

[...] On a coutume, depuis le cubisme, de déclarer que le tableau ne doit pas *représenter* ou *imiter* le réel mais qu'il doit constituer par lui-même un objet. Cette doctrine, en tant que programme esthétique, est parfaitement défendable et nous lui devons de nombreux chefs-d'œuvre. Encore faut-il bien l'entendre. Si l'on veut dire que le tableau, tout dépourvu de signification qu'il soit, se présente en lui-même comme un objet réel, on commet une grave erreur. Certes il ne renvoie plus à la Nature. L'objet réel ne fonctionne plus comme analogon d'un bouquet de fleurs ou d'une clairière. Mais quand je le « contemple » je ne suis pas, pour autant, dans l'attitude réalisante. Ce tableau fonctionne encore comme *analogon*. Simplement ce qui se manifeste à travers lui c'est un ensemble irréel de *choses neuves*, d'objets que je n'ai jamais vus ni ne verrai jamais mais qui n'en sont pas moins des objets irréels, des objets qui n'existent point *dans le tableau*, ni nulle part dans le monde, mais qui se manifestent à travers la toile et qui se sont emparés d'elle par une espèce de possession. Et c'est l'ensemble de ces objets irréels que je qualifierai de beau.

Sartre, *L'Imaginaire*, © Éditions Gallimard, 1986, p. 363-366.

La conclusion de *L'Imaginaire* applique à l'œuvre d'art ce qui a déjà été établi à propos du portrait ou de la photographie, et soutient, par conséquent, que l'œuvre d'art, qu'il s'agisse d'une symphonie, d'une pièce de théâtre ou d'un tableau, est un irréel.

En effet, dans le cas exemplaire de la peinture, il n'est pas vrai que l'artiste *réalise*, c'est-à-dire rende réel sur la toile ce qu'il imagine tout d'abord. Une semblable affirmation laisse entendre que l'œuvre d'art serait un objet réel que l'on percevrait. À nouveau, il faut distinguer rigoureusement entre l'image et la matière de l'image, et il est alors manifeste que la contemplation esthétique d'une œuvre d'art relève d'une attitude imageante qui, loin de percevoir le tableau, « l'empâtement de la toile, son grain, le vernis », les saisit à titre de représentant analogique de l'objet visé. Dès lors, l'objet du jugement esthétique n'est pas le tableau, que l'on peut toujours par un changement d'attitude percevoir, mais l'objet irréel qui seul peut être beau ou laid. Aussi l'acte de peindre ne correspond-il à aucune réalisation mais, dit Sartre, à une objectivation au sens où tout l'art du peintre réside dans la constitution d'un objet en tant qu'*analogon* matériel de ce qu'il veut *représenter*.

« Et l'art non figuratif ? » demandera-t-on peut-être. La peinture du XXe siècle dans la mesure où elle se refuse à *représenter* ne réfute-t-elle pas de fait la thèse sartrienne ? Certes, reconnaît Sartre, la peinture dans ce cas ne renvoie plus à la nature mais ceci ne signifie pas pour autant que la contemplation d'une peinture « abstraite » ne relève plus d'une attitude imageante. Même dans ce cas, le tableau est une matière que saisit la conscience imageante pour sinon se représenter du moins contempler un irréel dont la temporalité et la spatialité imaginaires sont encore et toujours étrangères au monde réel.

Nous pouvons à partir de là comprendre la thèse sartrienne : « le réel n'est jamais beau » (p. 371). Ce n'est pas que son auteur soit un esprit chagrin inapte à admirer les beautés de la nature ; mais Sartre veut seulement rappeler le caractère irréel de tout objet esthétique, que son *analogon* soit naturel ou artificiel. Dans un cas comme dans l'autre, la contemplation esthétique s'apparente à un rêve provoqué.

Le paradoxe du comédien

Il va de soi que le romancier, le poète, le dramaturge constituent à travers des analoga verbaux un objet irréel ; il va de soi aussi que l'acteur qui joue Hamlet se sert de lui-même, de son corps tout entier comme analogon de ce personnage imaginaire. C'est même ce qui permettrait enfin de trancher cette fameuse discussion au sujet du paradoxe du comédien. On sait en effet que certains auteurs insistent sur ce que l'acteur ne *croit pas* en son personnage. D'autres au contraire, s'appuyant sur de nombreux témoignages, nous montrent l'acteur pris au jeu, victime en quelque sorte du héros qu'il représente. Il nous paraît que ces deux thèses ne sont pas exclusives l'une de l'autre : si l'on entend par « croyance » : thèse réalisante, il est évident que l'acteur ne pose point qu'il *est* Hamlet. Mais cela ne signifie point qu'il ne se « mobilise » tout entier pour le produire. Il utilise tous ses sentiments, toutes ses forces, tous ses gestes comme *analoga* des sentiments et des conduites d'Hamlet. Mais de ce fait même il les irréalise. *Il vit tout entier sur un mode irréel.* Et peu importe qu'il pleure *réellement*, dans l'emportement du rôle. Ces pleurs, dont nous avons expliqué plus haut l'origine, il les saisit lui-même — et le public avec lui — comme des pleurs d'Hamlet, c'est-à-dire comme des analoga de pleurs irréels. Il se fait ici une transformation semblable à celle que nous indiquions dans le rêve : l'acteur est happé, inspiré tout entier par l'irréel. Ce n'est pas le personnage qui se *réalise* dans l'acteur, c'est l'acteur qui *s'irréalise* dans son personnage.

Sartre, *L'Imaginaire*, © Éditions Gallimard, 1986, p. 367-368.

Qu'est-ce qu'un grand acteur ? Est-il vrai, comme le pense Diderot dans son *Paradoxe sur le comédien,* que celui-ci doit savoir demeurer de sang-froid et à distance de son personnage ? Ou bien faut-il donner raison aux nombreux adversaires de Diderot et affirmer que le comédien est « victime en quelque sorte du héros qu'il représente » au point d'en partager l'amour et la haine, les joies et les tristesses ? Sartre pense pouvoir concilier les deux thèses.

Il faut tout d'abord rappeler sa conception du théâtre : à proprement parler le spectateur ne voit pas l'acteur jouant Hamlet mais vise à partir du corps de l'acteur, en tant que matière de la conscience imageante, le héros de Shakespeare. L'acteur est réel, Hamlet irréel ; et conscient de jouer, l'acteur ne saurait croire qu'il est Hamlet. Cependant, il est vrai que les bons acteurs pleurent sur scène, et qu'ils sont eux-mêmes émus. En effet, ils savent — on se demandera peut-être comment l'acteur parvient à pleurer : Sartre renvoie ici à sa distinction entre le sentiment-passion et le sentiment-action ou sentiment imaginaire (p. 275) — se mobiliser tout entier, corps et âme, afin de constituer cet *analogon* qui permet au spectateur de « voir » Hamlet, héros irréel, pleurer la mort irréelle de sa sœur Ophélie. Mais il faut souligner que non seulement le spectateur mais également le comédien « vit sur un mode irréel », dans cette espèce de monde imaginaire qui est celui d'Hamlet. C'est pourquoi l'acteur, même s'il pleure réellement, « irréalise » jusqu'à ses propres larmes qu'il saisit non pas comme des larmes réelles mais, de la même manière que les spectateurs, c'est-à-dire dans une attitude imageante et, par conséquent, comme les larmes d'Hamlet lui-même. Ainsi de même que la conscience onirique est prise par son rêve au point de pleurer ou de se réjouir pour des causes imaginaires, de même le comédien — bien que sa captivité soit moindre puisque l'acteur conserve la liberté de rompre « le charme » — est pris par son personnage irréel.

Ainsi l'acteur croit et ne croit pas en son personnage : il n'y croit pas puisqu'il ne confond pas le réel et l'imaginaire ; il y croit puisqu'il se prend au jeu c'est-à-dire qu'il vit dans l'imaginaire au point de « s'irréaliser » tout entier.

Vocabulaire

Algie : douleur diffuse, sans relation définie à une cause organique. *L'Imaginaire* compare la douleur réelle d'un cancéreux et l'algie d'un psychasthénique qui *croit* souffrir d'un cancer (p. 275).

Analyse, Synthèse : d'une manière très générale, l'analyse décompose, sépare, divise, la synthèse unit, relie, associe. Ainsi face à une totalité, la démarche analytique décompose le tout en différents éléments qui apparaissent alors indépendants et séparés les uns des autres. Recomposé, le tout est alors un tout analytique analogue à un tas de sable dont les éléments, à la différence des notes d'une mélodie, sont sans relation en dehors de leur simple juxtaposition dans l'espace. En revanche, la démarche synthétique vise à saisir les liens qui unissent les différentes parties au tout qu'elles constituent. Ainsi, face au vivant, l'analyse s'oppose à la synthèse comme l'anatomie à la physiologie. De ce point de vue, si l'analyse en tant que décomposition d'un tout est nécessaire à sa connaissance, cependant, lorsqu'il s'agit d'une totalité synthétique, elle ne doit pas conduire à méconnaître les liens internes qui unissent ses parties et que met en évidence le point de vue synthétique.

Pour Sartre, parce que la conscience est par excellence une réalité synthétique, on ne saurait s'en tenir au point de vue analytique. Ainsi, en opposition à une psychologie analytique qui conduit à une psychologie des facultés distinguant au sein de l'esprit l'imagination, la mémoire, l'entendement, etc. comme autant de facultés autonomes, *L'Imaginaire* souligne à plusieurs reprises le caractère synthétique de la conscience et, en particulier, de la conscience imageante. Ainsi Sartre déclare : « La conscience d'image est une forme synthétique qui apparaît comme un certain moment d'une synthèse temporelle et s'organise avec d'autres formes de conscience, qui la précèdent et la suivent, pour former une unité mélodique » (p. 37). En d'autres termes, l'image n'est pas un élément parmi d'autres qui, ensemble, constituent la conscience mais l'image est la conscience elle-même en tant qu'elle imagine et se donne une structure ou organisation intentionnelle spécifique qui caractérise précisément la conscience imageante. En outre, cette forme synthétique surgit dans le temps et ce temps n'est pas, comme le laisse croire son approche analytique, une succession d'instants mais la liaison vivante à partir d'un maintenant des différentes dimensions du temps, telle que l'une ne peut apparaître sans les autres. C'est pourquoi Sartre compare leur unité synthétique à une unité mélodique.

Ce caractère synthétique de la conscience imageante apparaît bien à propos du rapport de l'affectivité et du savoir. Sartre déclare : « Il faut renoncer aux comparaisons tirées des mélanges physiques : dans une conscience de savoir qui serait en même temps conscience affective il ne saurait y avoir *d'une part* du savoir et *d'autre part* des sentiments [... la conscience] doit donc être tout entière savoir et tout entière affectivité » (p. 143). Abandonnons l'image du nuage de lait dans la tasse de café. Même si, pour la clarté de l'exposé, il faut distinguer le savoir et l'affectivité, la synthèse cognito-affective doit donc être pensée comme une structure spécifique où savoir et affectivité ne doivent pas être considérés séparément mais dans leur rapport en sorte que le savoir est ce savoir qui trouve dans l'affectivité la possibilité de sa dégradation en savoir imageant, et l'affectivité cette affectivité qui trouve son sens dans ce savoir.

Associationnisme : conception de la vie psychique, soutenue en particulier par Hippolyte Taine (1828-1893), dominante dans la psychologie du XIXe siècle, et que Sartre dénonce à plusieurs reprises, mais souvent de manière allusive, dans *L'Imaginaire*. En effet, pour l'associationnisme les idées et, plus généralement, les phénomènes psychiques s'associent par contiguïté, ressemblance ou contraste. Ainsi, conformément à une démarche naturaliste qui s'efforce d'étudier les phénomènes psychiques comme des phénomènes naturels soumis à des lois, l'associationnisme croit connaître les principes qui déterminent l'enchaînement des phénomènes psychiques. Sartre refuse catégoriquement une telle conception particulièrement aveugle à la spécificité de la conscience. Par exemple, à propos de la conscience d'imitation (p. 56), Sartre montre précisément à quel point l'associationnisme manque le rapport du signe à l'image dans ce type de conscience. La conscience de signification doit éclairer, guider la conscience imageante, et le signe ne saurait susciter l'image en raison d'un quelconque lien associatif tel qu'un lien de contiguïté.

Conscience : *L'Imaginaire* nous avertit d'emblée que le mot conscience y est employé d'une manière inhabituelle (p. 13). Ainsi, au terme d'imagination Sartre préfère l'expression de conscience imageante, à celui de perception ou d'affectivité, celles de conscience perceptive ou de conscience affective. D'une manière générale, ce choix se justifie par la volonté de rompre avec une conception ordinaire de la conscience comme monade ou substance repliée sur elle-même dont les sensations, les sentiments, les représentations seraient autant d'états de conscience. De ce point de vue, en effet, la haine que j'éprouve pour Pierre apparaît comme un état de conscience ou encore comme un état d'âme. Ce faisant, le sentiment acquiert « une sorte d'inertie, de passivité » (p. 13). La haine est provoquée, réveillée, calmée et elle se maintient à l'existence par une sorte d'obscure inertie ontologique. Cette conception de la conscience est pour Sartre le fruit de la réflexion dite impure. Au regard de la réflexion *pure*, en revanche, la conscience est une pure spontanéité qui exclut donc toute forme de passivité ou d'inertie. Dès lors les images ne peuvent plus être des choses dans la conscience, que l'on pourrait étudier isolément et qui pourraient même, comme pour la psychanalyse freudienne, devenir inconscientes — ce qui pour Sartre est totalement dépourvu de sens. Mais l'image, la perception ou le sentiment sont la conscience elle-même en tant qu'elle imagine, qu'elle perçoit, qu'elle aime ou hait, c'est-à-dire se rapporte d'une manière spécifique à un objet déterminé.

Endophasie : langage intérieur.

Entoptique : se dit des sensations lumineuses qui ont leur origine dans l'œil lui-même.

Être-dans-le-monde : traduction par Sartre du terme allemand forgé par Heidegger, *In-der-Welt-sein*, que l'on traduit actuellement de préférence par « être-au-monde », et qui constitue l'un des concepts fondamentaux de *Être et temps* (1927). Sartre oppose l'être-dans-le-monde à l'être-au-milieu-du-monde. Les simples choses, cette pierre, ce stylo, etc., font partie du monde et sont soumises à ses lois comme à son déterminisme, elles sont au-milieu-du-monde. En revanche la conscience, certes, est toujours quelque part dans le monde — et c'est là l'une des significations essentielles de son incarnation — mais n'est pas pour autant engloutie par le monde ni soumise à ses lois puisqu'il n'y a de monde que pour une conscience qui est donc autre que le monde, et qui est toujours capable d'échapper au monde comme l'attestent l'imagination ou encore le *cogito* c'est-à-dire l'acte de douter de l'existence du monde.

Formes faibles : notion empruntée à la *Gestaltpsychologie* ou psychologie de la forme. Contre la psychologie analytique qui tente de reconstruire la perception à partir d'éléments atomiques, cette psychologie montre que la perception est toujours perception d'une totalité organiquement articulée, d'une forme. Cependant elle distingue forme faible et bonne forme. Tandis que la forme faible peut rester inaperçue, la bonne forme est la forme qui s'impose d'emblée à la perception de sorte que les objets se découpent d'eux-mêmes sur un fond indifférencié. C'est pourquoi, selon cette théorie, j'ouvre les yeux non sur une poussière de lignes et de couleurs en désordre, mais sur un monde d'objets qui, indépendamment de mes habitudes, de mon savoir, se trouvent d'emblée organisés selon la loi de la bonne forme, c'est-à-dire de la forme la plus simple et la plus cohérente. En revanche, dans le cas de la fantaisiste Franconay imitant Maurice Chevalier, Sartre remarque que le corps de l'artiste est « une forme faible qui peut constamment s'interpréter sur deux plans distincts : je suis constamment libre de voir Maurice Chevalier en image, ou une petite femme qui fait des grimaces » (p. 58). Aussi l'imitatrice doit-elle diriger en quelque sorte le regard des spectateurs, et annoncer par un signe quelconque, le canotier, qu'elle imite Maurice Chevalier.

Intentionnalité : dans un article célèbre mais bien obscur de 1939, « Une idée fondamentale de la phénoménologie de Husserl : l'intentionnalité », Sartre place cette notion au cœur de la phénoménologie et attribue à Husserl le mérite de sa découverte. À vrai dire Husserl, comme il le reconnaît lui-même, emprunte cette notion à son maître Brentano qui, dans sa *Psychologie d'un point de vue empirique*, caractérise les phénomènes psychiques, en opposition aux phénomènes physiques, par l'existence intentionnelle de leur objet, c'est-à-dire par le fait qu'ils se rapportent à quelque chose, qu'ils visent un contenu. Ainsi la perception est toujours perception de quelque chose. De même, l'image est image de quelque chose, la peur est peur de quelque chose, etc. On dira plus généralement, toute conscience qu'elle soit perceptive, imageante ou affective, est conscience *de* quelque chose. Ainsi, selon Sartre, l'intentionnalité se révèle la structure fondamentale de toute conscience, et *L'Imaginaire* débute par la mise en évidence de « la structure intentionnelle de l'image ». À l'opposé, l'illusion d'immanence en vient à nier l'intentionnalité de la conscience imageante en réduisant l'image à un tableau *dans* la conscience. Or, souligne Sartre, « La conscience imageante que j'ai de Pierre n'est pas conscience de l'image de Pierre : Pierre est directement atteint, mon attention n'est pas dirigée sur une image, mais sur un objet » (p. 22). La conscience imageante est bien une conscience intentionnelle.

Kinesthèses (ou sensations kinesthésiques) : sensations cutanées (qui concernent la peau), musculaires, tendineuses, articulaires relatives au mouvement. Le terme de kinesthèse vient du grec *kinêsis* (mouvement) et *aisthêsis* (sensation).

Monoïdéisme : caractérise un esprit occupé d'une façon quasi exclusive par une seule idée.

Néantisation : terme forgé par Sartre dans *L'Imaginaire* et qui est au cœur de *L'Être et le Néant*. Pour comprendre ce concept, nous pouvons partir de la négation ou jugement négatif selon lequel, par exemple, Pierre *n*'est *pas* là. Se pose alors la question de l'origine de la négation. Comment un jugement négatif est-il possible ? Il est certain que de l'être on ne dérivera jamais une quelconque négation et que ce qui est ne peut susciter par lui-même que des affirmations. Il nous faut donc nous tourner vers ce qui n'est pas et nous interroger sur le lien du non-être, c'est-à-dire du néant, et du jugement de négation. Apparemment le néant est la condition de la négation, c'est parce que Pierre ne se trouve pas dans ce café, qu'il est absent, que je puis formuler le jugement négatif : Pierre n'est pas là. De ce point de vue le néant serait au fondement de la négation et la précéderait.

Mais, demande Sartre, d'où vient le néant ? Dans le cas de Pierre que je recherche, il est certain que le café, par soi-même, avec ses consommateurs, ses tables, ses banquettes, etc. est un plein d'être. Ainsi, c'est bien moi qui découvre l'absence de Pierre, donc que Pierre n'est pas là, que cette personne n'est pas Pierre, qu'aucun de ces visages n'est le visage de Pierre, etc. D'une manière générale *L'Être et le Néant* affirme : « l'homme est l'être par qui le néant vient au monde » (p. 59) et l'acte par lequel le néant vient au monde est précisément ce que Sartre appelle néantisation. Par conséquent, la néantisation ne consiste pas à anéantir ou à réduire à néant mais à produire au sein de l'être le néant qui alors l'habite.

Enfin, Sartre se demande ce que doit être l'homme pour que par lui le néant vienne à l'être. Plus concrètement, que doit être l'homme pour pouvoir douter, interroger, imaginer, etc., c'est-à-dire accomplir des actes par lesquels précisément le néant vient à l'être ? Lorsque j'imagine un centaure, je pose en effet l'irréalité de ce que j'imagine qui, par conséquent, n'appartient pas au monde, n'est pas réel en sorte que le monde est monde-où-le-centaure-n'est-pas ; et cette négation du monde est alors synonyme de néantisation du monde. Imaginer suppose donc que la conscience soit en mesure d'*échapper* au monde qu'elle néantise. « En un mot il faut qu'elle soit libre » (p. 353).

Phénoménologie : rappelons que la phénoménologie est historiquement un courant de pensée né en Allemagne au tournant du XXe siècle, et dont Edmund Husserl (1859-1938) fut le fondateur. Rapidement, en dépit de sa difficulté, la phénoménologie a connu un essor remarquable grâce à de très nombreux travaux plus ou moins fidèles à l'œuvre de Husserl et parmi lesquels il faut au moins citer ceux de Martin Heidegger (1889-1976), lecteur fasciné des *Recherches logiques* de Husserl, et ceux de Eugène Fink (1905-1975) qui fut jusqu'à la mort de Husserl son collaborateur le plus proche. En France, c'est sans doute dans les œuvres de Sartre (1905-1980) et de Merleau-Ponty (1908-1961) que la phénoménologie husserlienne trouve après la Seconde Guerre mondiale ses prolongements les plus féconds. Pour sa part Sartre découvre la phénoménologie grâce à l'étude d'Emmanuel Levinas (1905-1995), *La théorie de l'intuition dans la phénoménologie de Husserl* (1930), qui compte parmi les premiers travaux qui firent connaître l'œuvre de Husserl en France ; et en 1933, succédant à son camarade Raymond Aron (1905-1983), il profite d'un séjour à l'Institut français de Berlin pour se plonger dans la lecture de l'œuvre de Husserl.

La phénoménologie — terme construit à partir du grec *phainomenon* (ce qui se montre) et *logos* (discours, science) — se présente tout d'abord comme une méthode, et le projet de Husserl est celui d'une philosophie comme science rigoureuse parce que fondée elle-même sur une démarche rigoureuse. Dans les *Idées directrices*, paragraphe 24, Husserl formule le principe des principes de la phénoménologie : le retour aux choses mêmes dans une intuition originairement donatrice. En dépit des apparences, nous sommes ici aux antipodes de l'empirisme. En effet, le retour aux choses mêmes ne repose pas sur la simple l'intuition sensible mais, tout d'abord, sur ce que Husserl dénomme l'intuition des essences (*Wesenschau*) ou intuition eidétique qui procède par variations et retranchements progressifs de tout ce qui n'est pas essentiel ou nécessaire. Et l'ambition de la phénoménologie, conformément à son étymologie, est de parvenir à saisir intuitivement l'essence d'un phénomène, par exemple l'essence de l'image, et de la décrire. Ainsi l'intentionnalité se dévoile comme la structure fondamentale de la conscience, et toute conscience est nécessairement conscience de quelque chose.

Cependant, une telle description peut être menée de deux manières radicalement distinctes : soit dans cette attitude naturelle qui nous est quotidienne et qui est celle aussi bien de l'homme de la rue que des scientifiques, soit en procédant à une conversion qui suppose la suspension ou, en grec, l'*épochè* de toute croyance à commencer par notre croyance en l'existence du monde. Dès lors se dévoile la fonction constitutive de la conscience qui est dite transcendantale parce qu'en elle se constitue tout objet transcendant à commencer par cet objet que je perçois et que la conscience pose comme « extérieur ». On le voit, l'idéalisme méthodologique peut conduire à un idéalisme doctrinal et, comme l'écrit Paul Ricœur, « ce sens "pour" une conscience, Husserl l'interprète comme un sens "dans" ma conscience » (*À l'école de la phénoménologie*, p. 89). Signalons toutefois que sur cette question tous les phénoménologues ne suivront pas Husserl, et que Sartre pour sa part s'est toujours voulu réaliste.

Phosphène : sensation lumineuse qui résulte de l'excitation des récepteurs rétiniens par un agent autre que la lumière (choc, compression externe ou interne du globe oculaire, excitation électrique).

Psychasthénie : d'un point de vue nosographique, Sartre s'inspire de la terminologie de P. Janet qui distingue névrose et démence. La démence est, selon P. Janet, liée à une détérioration organique et définitive des fonctions, aussi est-elle incurable, tandis que les névroses sont des troubles ou des arrêts dans l'évolution des fonctions. P. Janet admet deux classes principales de névrose : la neurasthénie et la psychasthénie. Cette dernière est un état mental morbide qui consiste en un ensemble d'obsessions, d'agitations, d'impulsions, de doutes, de sentiments d'incomplétude. Dans *L'Imaginaire*, psychasthénie et obsession sont synonymes et les différents exemples d'obsessions sont empruntés aux travaux de P. Janet.

Psychologie phénoménologique : ainsi que l'indique son sous-titre, *L'Imaginaire* relève de la psychologie phénoménologique et non de la phénoménologie. Qu'est-ce qui distingue l'une de l'autre ? Pour Husserl comme pour Sartre, la phénoménologie repose sur « la réduction phénoménologique » (p. 343) c'est-à-dire sur la mise entre parenthèses du monde. Par cet acte, dont on ne saurait trop souligner la difficulté, la conscience passe de l'attitude naturelle à l'attitude phénoménologique et découvre le champ de la conscience transcendantale, autrement dit de la conscience elle-même dans sa fonction constitutive. L'ambition de la *psychologie* phénoménologique est plus modeste et, en un sens, plus aisée à réaliser. En effet, à la différence de la phénoménologie, la psychologie phénoménologique demeure dans l'attitude naturelle et, loin de procéder à une quelconque réduction transcendantale, étudie la réalité-humaine en situation. Mais cette psychologie est bien une psychologie *phénoménologique* dans la mesure où elle repose sur la réflexion pure et la recherche de l'essence des phénomènes psychiques, c'est-à-dire des phénomènes intentionnels tels que l'émotion, la passion, etc., sans oublier l'imagination. Aussi s'efforce-t-elle de décrire l'essence du phénomène choisi à partir de son intuition ou intuition eidétique. Tel est précisément l'objectif de Sartre dans la première partie de *L'Imaginaire* intitulé : « Le certain ». À l'opposé, les trois parties suivantes relèvent du probable car Sartre y est obligé d'abandonner l'évidence que la pure réflexion offre à la description psychologique et de s'appuyer sur la psychologie expérimentale dont les résultats ne sauraient prétendre à la même certitude ; « comme dans les sciences expérimentales, nous devons faire des hypothèses et chercher des confirmations dans l'observation et l'expérience. Ces confirmations ne nous permettront jamais de dépasser le domaine du probable » (p. 112).

Réflexion : dès *La Transcendance de l'ego*, Sartre reproche à ceux qui, comme Descartes, ont décrit le *cogito*, de ne pas avoir distingué entre une conscience non réflexive ou préréflexive et la réflexion. En effet, avant de pouvoir dire « je pense » la conscience est conscience du monde ; lorsque je lis, la conscience est avant tout conscience du livre, conscience des héros du roman. Mais il m'est toujours possible, tandis que je lis, d'adopter une attitude réflexive et, dès lors, la conscience est dirigée sur la conscience elle-même, elle se prend elle-même pour objet au sens où elle est conscience que je lis ou encore conscience de la conscience de lecture. Ainsi, dire « je pense » relève de la réflexion, du retour de la conscience sur elle-même qui se détourne en quelque sorte du monde pour se fixer sur elle-même.

Cette distinction entre le *cogito* préréflexif et le *cogito* réflexif est le point de départ d'une distinction fondamentale du point de vue méthodologique entre la réflexion pure et la réflexion impure. Tandis que la réflexion impure objective et, ce faisant, dénature la subjectivité qui devient dès lors une réalité mondaine privée de son absolue spontanéité — elle correspond alors à ce que Sartre dénomme la *psyché* et constitue l'objet de la psychologie *non* phénoménologique —, la réflexion pure, parce qu'elle s'en tient strictement dans ses descriptions à ce qui apparaît lorsque la conscience se retourne sur elle-même, nous livre des données absolument certaines. Loin de pouvoir confondre la perception et l'imagination, « l'homme qui, dans un acte de réflexion, prend conscience "d'avoir une image" ne saurait se tromper » (p. 15). Aussi une psychologie phénoménologique de la conscience imageante est-elle suspendue à la pureté de la réflexion.

Situation : pour souligner l'importance de cette notion rappelons que Sartre a retenu le terme de *Situations* comme titre des dix volumes rassemblant divers articles publiés ici ou là ainsi que des communications ou interviews données à différentes occasions. Dans *L'Imaginaire*, Sartre nous donne la définition suivante : « Nous appellerons "situation" les différents modes immédiats d'appréhension du réel comme monde » (p. 355). Autrement dit, la situation c'est le monde non pas comme totalité abstraite de tout ce qui est mais le monde tel qu'il m'apparaît concrètement à la lumière d'un projet déterminé comme totalité définie à laquelle fait défaut ceci ou cela. Par exemple, si j'ai envie de voir mon ami Pierre, qui n'est présentement pas ici, le réel surgit alors comme totalité et donc comme monde dont Pierre est absent.

Synesthésie, synopsie : la synesthésie désigne un trouble de la perception caractérisée par la perception d'une sensation supplémentaire à celle perçue normalement. Cette sensation supplémentaire peut concerner une autre région du corps ou bien un autre domaine sensoriel. La synopsie est une espèce de trouble synesthésique appelé aussi « audition colorée » : un sujet perçoit un son, une voyelle comme étant d'une couleur déterminée. Remarquons que pour Sartre, en dépit du sens étymologique de ces termes — *sunaisthêsis* en grec signifie « perception simultanée » et *sunopsis* « vue d'ensemble » —, les troubles en question ne sont pas des troubles de la perception. Il s'agit d'*images* qui relèvent donc de la conscience imageante, et qui sont « provoquées régulièrement par l'audition des noms propres, des voyelles, etc. » (p. 206).

Transcendance : la phénoménologie sartrienne donne à ce concept un sens particulier. Il ne s'agit pas de ce que certains croyant dénomme la Transcendance et qui désigne Dieu lui-même en tant qu'il n'est pas dans le monde, comme un principe vital animant un être vivant, mais au-delà du monde. Conformément à son sens latin — à partir de *trans* (au-delà) et de *scando* (monter), *transcendo* en latin signifie, dépasser, aller au-delà —, la transcendance est synonyme pour Sartre de dépassement et désigne ce mouvement de la conscience qui la conduit au-delà de ce qui est.

Dans son article de 1939, « Une idée fondamentale de la phénoménologie de Husserl : l'intentionnalité », Sartre oppose la conscience toujours repliée sur elle-même de « la philosophie douillette de l'immanence », et la conscience intentionnelle de la philosophie de la transcendance, qui n'a pas de dedans, qui n'est pas une substance et qui est toujours conscience d'autre chose que soi. En ce sens, « la philosophie de la transcendance nous jette sur la grand-route, au milieu des menaces, sous une aveuglante lumière ». Cependant l'intentionnalité n'est qu'un aspect de la transcendance qui est la signification profonde de ce premier concept. En effet, toute conscience est conscience de quelque chose signifie que toute conscience pose un objet transcendant. Mais à vrai dire, parce qu'elle est toujours désir ou manque, la conscience ne saisit pas l'objet tel qu'il est mais elle l'appréhende dans son incomplétude et en le dépassant vers ce qu'il n'est pas. En un mot elle le transcende et la conscience est transcendance. Par exemple, le croissant de lune est appréhendé comme lune qui n'est pas pleine et auquel il manque un quartier. Ce qui manque est un irréel puisqu'il est étranger au monde et il arrive parfois que nous l'imaginions. Nous comprenons alors de quelle manière la conscience imageante est une des formes possibles de la transcendance. Dans *L'Imaginaire* Sartre déclare : « Toute situation concrète et réelle de la conscience dans le monde est grosse d'imaginaire en tant qu'elle se présente toujours comme un dépassement du réel » (p. 358). Il va de soi qu'au lieu d'imaginer ce qui manque la conscience peut tenter de le produire réellement et, dans ce cas, la transcendance en tant que mouvement par lequel la conscience dépasse ce qui est, conduit à l'action et à la transformation du monde.

Le concept de transcendance est inséparable dans la phénoménologie sartrienne du concept de néantisation. Développant dans *L'Être et le Néant* ce qui n'est livré dans *L'Imaginaire* qu'à l'état embryonnaire, Sartre y montre que « c'est la néantisation qui est l'origine de la transcendance conçue comme lien originel du pour-soi avec l'en-soi » (p. 124). En effet, ce manque perpétuel que la conscience à l'occasion imagine (le fait que le croissant de lune soit appréhendé comme ce à quoi il manque un quartier pour que la lune soit pleine), est étranger à l'en-soi qui est ce qu'il est. Le manque trouve donc sa source dans un acte néantisant qui ne peut venir que du pour-soi. Or la conscience n'accomplit un tel acte que parce qu'elle est elle-même désir, manque de quelque chose qu'elle n'est pas, *défaut d'être*. Ainsi la néantisation d'un objet transcendant repose sur une néantisation première, constitutive de la conscience même comme manque. En d'autres termes, c'est parce que le pour-soi est synonyme de néantisation d'une part, et, d'autre part, parce qu'il est hanté par le désir d'être, que le pour-soi en tant que présence au monde dépasse le donné vers ce qu'il n'est pas. La soif est conscience de soif et saisit le verre d'eau comme verre à boire en vue de son assouvissement qui, pour Sartre, n'est pas à proprement parler la suppression de la soif mais la soif en tant que plénitude d'être.

Bibliographie

☛ **Œuvres de Jean-Paul Sartre**
(nous n'indiquons ici que les œuvres citées au cours de cette étude)

✍ *L'Imagination*, 1936, Paris, PUF, 1983.
✍ *La Transcendance de l'ego*, 1937, Paris, Vrin, 1988.
✍ *Le Mur*, 1939, Paris, Gallimard, 1977.
✍ *Esquisse d'une théorie des émotions*, 1939, Paris, Hermann, 1965.
✍ *L'Imaginaire*, 1940, Paris, Gallimard, 1986.
✍ *L'Être et le Néant*, 1943, Paris, Gallimard, 1987.
✍ *Situations I*, « Une idée fondamentale de la phénoménologie de Husserl : l'intentionnalité », 1947, Paris, Gallimard, 1975.

☛ **Sur *L'Imaginaire***

✍ NOUDELMANN, François, *Sartre : l'incarnation imaginaire*, Paris, L'Harmattan, 1996.
✍ CABESTAN, Philippe « Les images sont-elles toutes de la même famille ? », *in Revue de phénoménologie ALTER*, n° IV, *Espace et imagination*, Paris, 1996.

Dépôt légal : octobre 2020 N° imprimeur : 102067321

Imprimé en France par Présence Graphique - Monts.